社会苦に挑む南アジアの仏教

B. R. アンベードカルと佐々井秀嶺による不可触民解放闘争

関根康正

根本　達

志賀浄邦

鈴木晋介

関西学院大学出版会

社会苦に挑む南アジアの仏教　目次

序　章　研究会結成の経緯と目標
　　　　関根 康正　根本 達 ———————————————— 5

第1章　B. R. アンベードカルが示した〈道 (mārga)〉
　　　　志賀 浄邦 ———————————————————— 23

第2章　ポスト・アンベードカルの仏教徒運動についての試論
　　　　南アジアにおける暴力的対立克服への示唆
　　　　根本 達 ————————————————————— 39

第3章　エンゲイジド・ブッディズムの拡がり
　　　　サルボダヤ運動と社会苦への挑戦
　　　　鈴木 晋介 ———————————————————— 51

第4章　B. R. アンベードカル博士と佐々井秀嶺師の
　　　　不可触民解放運動にみる論理と倫理
　　　　関根 康正 ———————————————————— 63

あとがき
　　　　仏教学と人類学の出会いと協働
　　　　志賀 浄邦 ———————————————————— 79

序　章

研究会結成の経緯と目標

1　「B. R. アンベードカル及びエンゲイジド・ブッディズム研究会」結成の経緯と目的

経緯

　マハトマ・ガンディーと同時代を生きた、インドの偉大な不可触民解放の騎手B. R. アンベードカル (Bhimrao Ramji Ambedkar, 1891-1956) の名前は、日本では思いの外知られていない。インド人で彼の名前を知らぬ者はいないのに。海外での有名度の落差はなぜ起こったのだろうか。それは私たち日本社会のメディア環境が、エドワード・サイードが言う意味での「オリエンタリズム」(オクシデント〈西洋〉中心的な世界表象の再生産イデオロギー) のディスコース空間におかれているからである。というのは、後半生を半裸で糸車を操るガンディーは西洋近代権力に抗する神秘的なオリエントの衣装を纏った民主主義の体現者として、西洋の表象空間に包摂されてメディアを介してオリエンタリズム的二項対立言説の補完者 (西洋的民主主義を否定を介して止揚し、最終的に肯定する弁証法の相手役) として最大限利用されてきたからである。実際のガンディー自体は複雑であったとしても、西洋にとっては単純化した表象を投影しやすかったのである。それに比して、西洋型の近代主義者である面も隠さずに、カースト・ヒンドゥーの市民意識どころか被差別状況の根底から民主主義をブリコラージュ的に求めたアンベードカルは、西洋にとっては包摂しにくかったに違いないのである。西洋知を輸入することを是とする戦後日本でも、西洋知支配の世界のディスコース空間にすっぽり包まれているのだから、教育やメディアにおいて限られた文脈でしかアンベードカルが焦点化されることはなかったのである。この「気づかない歪み」という事実の意味するところを伝えることが、アンベードカルとは何者か、佐々井 秀嶺とは何者かを問う本書の底流に、常に流れていることを強調しておきたい。

以上のような事情も踏まえて、「B. R. アンベードカル及びエンゲイジド・ブッディズム研究会」の意義を述べようとしているのであるが、この私たちの研究文脈を作ったのは、次節で紹介される佐々井秀嶺という仏教僧の運動的活動が媒介になっている。龍樹の仏教思想とアンベードカルの思想と運動実践（「不可触民」の仏教への改宗運動）を交差させて、そこからインドにおける仏教の再興運動と元不可触民の仏教改宗の再興を二つながらに、自ら先導者になって、佐々井秀嶺師はインドの地に骨を埋める覚悟を持って、開始したのである。1967年のことである。爾来今日までまさに無私の実践を「不可触民」の中に身を置いて行ってきた。2015年10月21日から23日にもナーグプルの大改宗広場で半年ほど前に死の淵から甦った佐々井師が改宗式を執り行う姿を私たちは目撃した。本書を執筆した4人の研究者はこうしたアンベードカルと佐々井秀嶺とを繋ぐ糸を深く知るに及んで、2015年4月に本研究会の結成を決意した。二人の偉大な魂に触れて、私たちも社会苦を我がこととして受け止め生きるような研究内容そして研究者としての生き方が鋭く問われていることをそれぞれに自覚したのだった。仏教学徒や人類学徒として、いかにそうした困難な社会問題にコミットできるか、エンゲイジできるかを追究する衝迫が高まったのである。本研究会の目標は、できあがった学問知の社会への応用という二段構えの公共〇〇学を追究することではない。知knowledgeと情sympathyが別々にあるのではない。そうではなく、学知の内容そのものの深みで対象と自己が切り結ぶ〈知即情〉という当事者性が到来する場所の在り方を問うことにある。そこには偶然と必然が去来する。

　この研究会が立ちあがったことも、一つの〈知即情〉の実践的現象であって、やはり偶然と必然の不思議な重なりと綾を認められる。

　始まりは根本達氏にある。私が日本女子大学で教鞭をとっているときに、前川啓治筑波大教授を介して、根本氏が博士論文執筆の相談ということで私を訪ねてきた。目白の喫茶店で根本氏のナーグプルでの佐々井秀嶺師の不可触民解放闘争としての仏教改宗について初めて現場調査からの話を聞いた。こんな大変なフィールドワークを活動に参与しながらしている日本の若い研究者がいることに、そしてその話の内容にとても感銘を受けたことを覚えている。以来、根本氏には格別の親近感を持っておつきあいをしてきた。その

間に根本氏は立派な博論を書き上げ、筑波大学に職を得た。自立した研究者かつ佐々井師を支える静かな運動家として成長を続けてきた。根本氏の奥様も、一緒にナーグプルでフィールドワークを共にして佐々井師の厚い信頼を得ている素晴らしい人物である。根本夫妻のような若い方々に会って、南アジア社会の人類学に従事する者として、私はずいぶんと勇気づけられたものである。

　時が過ぎ、何かの縁で私は関西学院大学に赴任することになった。関西に来て、京都大学が近くなり、何回か講演に呼ばれた。2013年だったろうか、そういう機会の一つで、アンベードカルの位置づけについてケガレ研究の視点から少し話すことになった。そのときに根本氏にコメンテーターになっていただいた。その会場に根本氏の友人の志賀浄邦さんがいらしていて、初めてお会いした。京都大学大学院で仏教を専門に研究され、エンゲイジド・ブッディズムにも詳しく、その立場から佐々井秀嶺師につながりをもっている。こうして、フィールドワークも厭わない活動的な文献研究者である志賀氏にお会いできたのである。志賀氏は、私が親しくしているヴェーダ研究での世界的権威である井狩彌介先生の後輩であることも後でわかった。また、その会場には私とはつきあいの長いスリランカ研究者の鈴木晋介氏もいらした。鈴木氏は、私の短い筑波大学赴任時代の院生として初めて会ってから20年越しのつきあいをしている南アジア研究の仲間である。鈴木氏は国立民族学博物館の杉本良男教授の下で優秀な博論で博士を得た俊英である。こうして4人は京大の一隅の一つの会場で意図せざる形で、複数の偶然と必然が重なって出会ったのだった。こうした不思議な引き寄せの引力は、私たちのそれぞれの研究に通底している、社会のあまりの不条理さや不平等や被差別への絶望に近い慨嘆の中に宿っていたように思われる。それを顕在化させ結びあわせたのが、まさにアンベードカルであり、佐々井秀嶺師であったと思う。このお二人のような渾身の生き様が人と人とを魂の次元でつなげるのである。根本氏は親切にもこれまで私を3度も佐々井師に引き合わせてくれた。東京の護国寺でと、ナーグプルで2回である。その佐々井師との会合は、私に言葉にできないほどの深い感動と感銘を与えた。佐々井師はわざわざ師が発掘した龍樹に纏わるマンセル遺跡に私を案内してくれた。その遺跡の頂上

に立ったとき、湖を渡り遺跡を包むように吹く、この上なく爽やかな風に私の身は委ねられ投げ出された。インドにいるとき常にどこかで身構えている私の身体と心が、たぶん初めてインドの大地の中心で開かれたのである。龍樹の宗教的トポスたる南天鉄塔に立ったからであろうか。その不思議な幸福感を伴った体験無しには、この研究会を立ち上げる意思は固まらなかったに相違ないと、今も思う。

趣旨

研究会設立前史を簡略に書いてみたが、すでに3回の研究会を実施し、本書にまとめたシンポジウムを開催した。2016年度より4年間、科研の支援も得られることにもなった。本研究会の趣旨については、私たちのブログに述べられているがそれをここに再録しておきたい（〈B. R. アンベードカル及びエンゲイジド・ブッディズム研究会〉http://ambedkar.blog.fc2.com/ より再掲）。

　　本研究会の趣旨は、「絶望を希望に変える思想と方法」を実践的に探究することにあります。B. R. アンベードカルが自ら被り、「不可触民」と呼ばれた人々と共有しようとした絶望をいかに克服しようとしたか、いかに希望を紡ごうとしたか、それをなぞるように感じ考えたいと思っています。

　　そのアンベードカルの意思に感銘し、自らの身をインドの大地に投げ出し、エンゲイジド・ブッディズムをまさに実践して「不可触民」解放運動を牽引してきた稀代の日本人仏教僧佐々井秀嶺師は、この研究会の発足を導いてくれました。師の骨太でまっすぐな黒金のごとき意思が、この研究会に糾合した4人のメンバーの心に突き刺さり、実践的探究へと駆り立てています。

　　絶望とともにある希望という、絶対矛盾の彼岸に、いやまっただなかに咲く、深紅の生の大輪を、同類の人々ともに享受できないものかと願っているのです。

　　現代のグローバル資本主義は、地球を制覇し圧倒的な絶望を人類社会に、さらに生物社会にもたらしています。人類社会は未曾有の不条理と

残酷さに苛まれています。絶望が地球を覆いつつあります。

このような世界の絶望の淵で、学問を志し今日まで過ごしてきた私たち4人は、今何をなすべきなのでしょうか。そのための本当の元手は何であり、どこにあるのでしょうか。この問いに答えることは容易ではありません。

とはいえ、まったく足がかりはないのでしょうか。私たちには、それについて、ある直感があります。それはたぶん、私たちの足下にある、身辺雑事のこの日常の一こま一こまこそが足がかりではないかという直感です。

これまでの私たちの経験からみても、個々人の微細な生活現実のすべてを支配システムが完全制覇できるかというと、それにはまだ少し猶予があるのではないかと思われるからです。もちろん、すでにシステムは暴走を始めていますから、多くの犠牲を出してきたし、さらに出していくことでしょう。それでも最後の最後まで、自己身体の近傍には少なくとも某かの知覚の自由度が残っているのではないでしょうか。そうであれば、私たちの研究はそこを立脚点に開始することが可能なはずです。これは弱者の感情論ではありません。生きている限り未来への希望に開かれていると教えるチャールズ・パースの記号学という、力強い理論的基礎をもっています。

偉大な魂と呼ぶべきアンベードカル博士と佐々井師という導師の生き様を道標にして、人々の微細な苦悩と幸福を注視し、絶望と希望の交差の現実を活写する宗教学と人類学の歩みを始めたいと考えています。

目的

本研究会は、佐々井師が活動の拠点にしているナーグプル市を中心にインドでの資料収集とフィールドワークが必要であるため、2016年度から4年間の科学研究費補助金を申請し採択された。その申請の際に本研究会の達成目標・目的を整理した。この目的に記すことが、当面の研究活動の方向性であるし、本書の4章の各論考のおかれている基盤であるので、本書の巻頭として示しておきたい。

本研究プロジェクトは、「絶望を希望に変える思想と方法」としての〈当事者性の獲得〉を実践的に可能にする理論と方法を探究・深化させることを研究目的にする。実はそういう当事者性は、自他の間の関係の中で起きるので常に正確には「共当事者性」という関係論的性格になることから、ここでの目的は、〈共当事者性の獲得〉と言ってもよい。そうであるなら、そのような創発的事態が起こる共有場の構築が、その人の存在自身がそういう場であるような偉人にとってより、そうなりえない凡夫にとってより重要な意味を帯びるに違いない。このような本研究の取り組む課題を徹底して考え抜かないかぎり、犠牲を出し続ける差別の再生産を社会から放逐することはできない。その意味で本研究は、インド社会のみならず、日本社会をも含め被差別民問題を抱えている社会の根本的改革に汎用性を有する意義深い基礎研究であるとの確信に支えられている。本研究は人間社会と差別という根深い問題、言うなれば人間社会に不可避にまとわりつく「人間的」問題に挑戦し、その解決に向けて、容易に差別心にとらわれ、「逃げの思考」(4章参照)に走りやすい普通の人間が、いかにしたらそこから少しでも離脱し「挑む思考」(4章参照)を持てるようになるか、あるいは少なくとも共犯者に進んでなる手前で自らの差別心を無効化できるかを考察し、差別脱却の基礎研究を目指すものである。

　本研究はインド社会の被差別状況を目の前にして「挑む思考」を実践し「倫理の核心」を生きる運動を展開した、B. R. アンベードカルと佐々井秀嶺という二人の偉人の人生・思想・運動を中心に学び、そこから普通の人々にも開かれた「挑む思考」と「倫理の核心」(4章参照)を体得する道の要諦をつかみ出す。アンベードカルが自ら被り、「不可触民」と呼ばれた同胞と共有しようとした絶望をいかに克服しようとしたか、いかに希望を紡ごうとしたか、それを歴史的になぞるように感じ考えたい。元不可触民として生まれたアンベードカルは当事者が当事者性を獲得する過程を教えてくれる。そのアンベードカルの意思に感銘し、自らの身をインドの大地に投げ出し、エンゲイジド・ブッディズムをまさに実践し「元不可触民」解放運動を牽引してきた稀代の日本人仏教僧佐々井秀嶺師については、インドの被差別民ではない者が仏教の実践において非当事者がいかにして当事者性を獲得するのか、その

ことを中心に学びたい。アンベードカルと佐々井師という絶望に見える状況の中に希望を紡ぎ出す導師の生き様を道標にして、人々の微細な苦悩と幸福を注視し、絶望と希望の交差の現実を活写する宗教学と人類学の共同（協働）研究を本研究において実践する。

　（1）関根（研究代表者）は、南インドのヒンドゥー社会での長い研究蓄積をもって、仏教改宗に抗するヒンドゥー教徒の生活と意識などにも目配りした地域社会の全体様相を探究把握することに努める。元不可触民が仏教に改宗することは、ヒンドゥー共同体（カースト・ヒンドゥー）の存在をその縁辺で裏書き的に支える役割を放棄することであり、それはヒンドゥー共同体にとっての脅威であるが、現実にはヒンドゥーとして元不可触民の場所に留まる人々も実際には少なくない。生活様式自体にも深く浸潤したヒンドゥーのあり方を断ち切ることは容易なことではないからだ。事実、仏教徒の住区に接してヒンドゥーの元不可触民が集住しており、両者の間に一定の緊張感をもたらしてきた。インド被差別民解放運動はインド各地で改宗という方法をとらずにも展開してもいるし、そのときの運動シンボルもアンベードカルである。関根は仏教に改宗した者の当事者性の獲得と、改宗せずにヒンドゥーのままで解放運動の当事者性を有する者の実践とを比較し、当事者の当事者性の獲得の複数性のうちにアンベードカルと佐々井の運動を把握し、当事者性の獲得の問題に多角的に迫る。さらにアンベードカライトと称する国際的なネットワークもすでに存在し被差別解放闘争のアリーナは地域社会を超えて今やグローバルな社会空間に拡大している。そうした広域的活動も視野に入れながら、多様な当事者性の獲得の現実を活写していく。

　（2）志賀（研究分担者）は、差別・貧困・暴力といった社会苦と対峙しその「当事者」であり続けたアンベードカルが独自の「新しい仏教」をいかに構築し、滅亡した仏教とどのように架橋したかを明らかにすることで、アンベードカルの仏教をインド仏教史上に適切に位置づける。彼が開始した一連の運動は単なる社会運動、政治運動と見なされることも多いが、ブッダ以来のインド仏教の伝統を忠実に継承していることも事実である。アンベードカルの思想

の全貌は、彼の最晩年の著作『ブッダとそのダンマ（The Buddha and his Dhamma）』によって知ることができるが、本書がわが国において十分研究されてきたとは言い難い。志賀は近年出版された同書の批判的校訂本［Rathore and Verma 2011］を脚注も含め全編に渡って精読した上で、伝統的な仏教思想との共通点及び相違点を洗い出し、アンベードカルが引用する仏教経典の種類と引用の傾向を探る。またアンベードカルが仏教への改宗を決断するに至るまでの歴史的経緯も考察し、特に人的交流・社会的交流に着目して研究を進める。さらに『ブッダとそのダンマ』のなかで説かれる思想がインド仏教徒一人一人の当事者性の形成にいかなる影響を与えているかを探る。

　（3）根本（研究分担者）はナーグプル市を中心に反差別運動に取り組む佐々井秀嶺とインド仏教徒たちを研究対象とする。アンベードカル死去以降の重要な指導者の一人である佐々井は1935年に岡山県で生まれ1967年からナーグプル市で仏教復興運動を開始した。1988年にインド国籍を取得、1992年からブッダガヤーで大菩提寺奪還運動を始めた。佐々井の活動はジャーナリストに取り上げられてきた［山際 2000など］が、学術的な研究対象になってはいない。佐々井所蔵の仏教徒運動関連資料の分析及びナーグプル市現地での佐々井と仏教徒へのインタビューを実施することで、1967年から現在に至る約50年間の反差別運動の歴史を考察し、佐々井による仏教徒との共同の場の創出、佐々井と仏教徒たちとの相互行為、そこにある創発的な関係性を中心に描き出す。これにより根本は非当事者の佐々井が仏教徒たちと隣接して生きる中で類似性（直喩：あなたは私のようだ）を発見し、その認識を同一性（隠喩：あなたは私だ）として表現する宗教実践により当事者性を獲得し、この反差別運動の指導者となった過程を明らかにする。

　（4）鈴木（研究分担者）はフィールドワークと民族誌的記述作業により改宗したインド仏教徒たちのアイデンティティ形成に果たすグローバルな諸連関を明らかにする。インド仏教徒たちは単に改宗儀礼を通じて「仏教徒となる」だけでなく、グローバルに張り巡らされた現代の仏教徒ネットワークを通じた交流が絶えずその仏教徒アイデンティティを成形し直す。特に上座仏教の

総本山的位置づけにある隣国スリランカの仏教徒とインド仏教徒との相互交流がもたらす影響に着目する。実際にインド仏教徒はスリランカやタイなどへの仏教僧の派遣や仏教信者による仏教寺院の訪問ツアーを行い、これらの国の仏教徒をインド仏教の祝祭に招いてきた。鈴木はこれら交流の場の参与観察を通じ、スリランカ上座仏教の教義的側面及び民衆レベルの信仰と実践形態がインド仏教徒のアイデンティティに与える影響を明らかにする。またスリランカではエンゲイジド・ブッディズムの典型例として知られるサルボダヤ運動 [Bond 1996; 鈴木 2005] についても現地調査を行い、南アジア仏教徒のグローバルネットワーク形成を立体的に把捉する。

参考文献

B. R. アンベードカル及びエンゲイジド・ブッディズム研究会

    ブログ：http://ambedkar.blog.fc2.com/

    フェイスブック：https://www.facebook.com/ambedkarengagedbuddhism/

Ambedkar, B. R.

    2011 *The Buddha and His Dhamma: A Critical Edition.* Rathore, Aakashi Singh and Ajay Verma（eds.）. Oxford University Press.

アンベードカル，B. R.

    2004『ブッダとそのダンマ』山際素男訳，光文社新書。

Bond, G. D.

    1996 A. T. Ariyaratne and the Savodaya Shramadana Movement in Sri Lanka. In Queen and King（eds.）, *Engaged Buddhism: Buddhist Liberation Movement in Asia.* State University of New York Press.

鈴木晋介

    2005「内発的発展論とスリランカのサルボダヤ運動」高梨和紘編著『開発経済学──貧困削減から持続的発展へ』pp. 279-303, 慶應義塾大学出版会。

山際素男

    2000『破天』，南風社。

2 B. R. アンベードカルと佐々井秀嶺の人生の交差

　現代インドで「バーバーサーヘブ（父なる指導者）」と呼ばれる B. R. アンベードカル（Bhimrao Ramji Ambedkar, 1891-1956）は、1891年に中央インドのマフーにおいて「不可触民」とされるマハールとして生まれた[1]。アンベードカルの祖父や父親はイギリス軍で働いており、父親はバクティの詩人カビール（Kabir, 1440-1518頃）への強い信仰心を持っていた。学生時代から厳しい差別を経験したアンベードカルは1913年からアメリカのコロンビア大学、1920年からイギリスのロンドン大学へ留学し、グレイ法曹院で弁護士資格を得た後、1923年に帰国した。ヒンドゥー社会の改革を目指したアンベードカルは、1927年にボンベイの南にあるマハド市において「不可触民」による貯水池の使用を求めるチャウダール貯水池開放運動を率い、ヒンドゥー教の聖典「マヌ法典」によって社会的・経済的・宗教的・政治的奴隷制度が永続されているとしてこれを焼き捨てた。アンベードカルは1930年からヒンドゥー教の聖地ナーシクにおいて「不可触民」によるカーラーラーム寺院立ち入り運動を開始し、被抑圧者諸階級会議においてカースト・ヒンドゥーからいかなる苦難を与えられようともヒンドゥー教を捨てるつもりはないと宣言した。

　「不可触民」への分離選挙導入に失敗した3年後の1935年、アンベードカルはナーシク近郊のイエオラにおいて過去5年間にわたるカーラーラーム寺院立ち入り運動が完全な失敗に終わり、すべての努力が無駄になったと述べた。同時にアンベードカルは「私は不幸にも『不可触民』という烙印を押されて生まれた。しかしそれは私の過ちによるものではない。私はヒンドゥー教徒としては死なない」と宣言し、ヒンドゥー教からの改宗を表明した。翌年アンベードカルはヒンドゥー教とカーストを厳しく批判する『カーストの絶滅（*Annihilation of Caste*）』を発表した。これ以降、「不可触民」がヒンドゥー教の神を礼拝しないことを求めるなど、アンベードカルは「不可触民」をヒンドゥー教から分離する方向に進んでいった。1947年8月にインドが独立を果たした後、アンベードカルは第1次ネルー内閣の法務大臣に就任し、憲法起草委員会の委員長に任命された。1950年より施行されたインド憲法では、

「宗教、人種、カースト、性別又は出生地を理由とする差別の禁止」(第15条)、「不可触民制の廃止」(第17条)、社会的弱者層への優遇措置の実施(第330条など)が定められた。

　アンベードカルはスリランカやビルマでの仏教徒会議に参加した後、1956年5月にボンベイでのブッダ・プールニマー(ブッダの満月の日)において10月に仏教へ改宗することを宣言した。1956年10月14日、アンベードカルはマハールを中心とする30万人以上の「不可触民」とともにビルマの仏教僧チャンドラマニが先導する改宗式に参加した。チャンドラマニ僧が三帰依文と五戒文を唱え、ブッダの像の前でひざまずいたアンベードカルがこれを繰り返した。次にアンベードカルはブッダの像に三拝し、白蓮をブッダの像の前に供物として置いた。アンベードカルが仏教に改宗したことが宣言され、参加者は「アンベードカルの勝利！」、「ブッダの勝利！」と叫んだ。アンベードカルはヒンドゥー教からの離別と仏教への改宗を宣言する「二十二の誓い」を読み上げ、「私は今日、新たな生を手に入れた」と述べた。アンベードカルが改宗する者は立ち上がるように求めると、すべての参加者が立ち上がり、三帰依文と五戒文と「二十二の誓い」を繰り返し仏教へ改宗した。ネパールでの仏教徒会議に出席した後、1956年12月6日にアンベードカルは死去した。ムンバイーのダーダルにある火葬場には数十万人の人々が集まり、仏教僧によってアンベードカルの葬儀が執り行われた。翌年アンベードカルが仏教やブッダの生涯を解説する著作『ブッダとそのダンマ(*The Buddha and His Dhamma*)』が出版された。

　アンベードカルが死去してからの10年間、仏教徒の政治指導者たちは分裂を繰り返し、著名な宗教指導者もいなかったため、仏教徒たちは仏教を復興するうえで困難に直面した。1967年になると1960年に日本の高尾山薬王院で出家し1988年にインド国籍を取得する仏教僧佐々井秀嶺(1935-)、1968年には1928年にスリランカで出家しアンベードカルと親交があったインド人仏教僧アーナンド・カウサリャーヤン(Anand Kausalyayan, 1905-1988)がナーグプル市を中心に仏教復興の取り組みを始めた。1967年、佐々井はビハール州ラージギルにおいて龍樹菩薩(150-250頃)から「汝、南天竜宮城へ行け」とのお告げを授かり、アンベードカルやナーグプル市の仏教徒について

ほとんど何も知らないままナーグプル市に移った。佐々井はアンベードカルについて学びながら、市内の仏教徒居住区における仏教寺院の建立や日常的な仏教儀礼の普及、インド各地で大規模な集団改宗式や得度式に取り組んでいった。またカウサリャーヤンはアンベードカルが英語で著した『ブッダとそのダンマ』をヒンディー語やパンジャーブ語に翻訳したことに加え、仏教に関する著書や小冊子を40冊以上出版し、仏教やアンベードカルの思想を仏教徒たちに広めることに努めた。

カウサリャーヤンが死去した1988年、マハーラーシュトラ州の仏教徒を中心とする大規模な署名運動によって佐々井はインド国籍を取得し、ローカルからナショナル・レベルの活動に重点を移していった。佐々井はビハール州ブッダガヤー（ボードガヤー）の大菩提寺の管理権を仏教徒の手に移すため、1949年に制定された「ボードガヤー寺院法」の改正を求める大菩提寺奪還運動を1992年から開始した。「全インド大菩提寺解放実行委員会」を結成した後、佐々井は仏教徒たちとダーダルからナーグプル市を経てブッダガヤーまで行進する「法の灯の行進」を実施し、市中行進や座り込みによって大菩提寺の管理権の移譲を求めた。また佐々井は仏教徒の組織化にも努め、1995年に「全インド法兵軍」、1996年に「全インド比丘マハーサンガ」を結成した。2002年にはインド国内外で活動する仏教徒の活動家たちとジュネーヴの国連人権高等弁務官事務所を訪問しインドでの人権侵害撤廃や大菩提寺管理権移譲への協力を求めるなど、2000年代以降の佐々井の活動はグローバルな展開を見せてきた。インド政府の少数派委員会仏教徒代表を2003年から3年間務めた後、2009年に44年ぶりに日本を訪れた佐々井は、それ以降も継続的に日本に戻り各地でインド仏教徒への支援を訴えている。

注
1) 本節は以下の参考文献に加え、佐々井師とナーグプル市の仏教徒へのインタビューをもとに執筆されたものです。

参考文献

Ahir, D. C.

  1998 *India 50 Years of Independence: 1947-97 Status, Growth & Development 6 Buddhism*. B. R. Publishing Corporation.

Ambedkar, B. R.

  2010 Annihilation of Caste. In *Dr. Babasaheb Ambedkar Writings and Speeches Vol.1*, pp. 21-96. Dr. Babasageb Ambedkar Source Material Publication Committee.

  2011 *The Buddha and His Dhamma: A Critical Edition*. Rathore, Aakashi Singh and Ajay Verma（eds.）. Oxford University Press.

Beltz, Johannes

  2005 *Mahar, Buddhist and Dalit*, Manohar Publications.

フィッツジェラルド, ティモシー

  1994「マラートワーダーに見られる村の仏教」内藤政雄編『解放の思想と運動』，明石書店。

舟橋健太

  2014『現代インドに生きる〈改宗仏教徒〉――新たなアイデンティティを求める「不可触民」』，昭和堂。

Kerr, Dhananjay

  1971 *Dr. Ambedkar Life and Mission*. Popular Prakashan.

孝忠延夫・浅野宜之

  2006『インドの憲法――21世紀国民国家の将来像』，関西大学出版部。

Moon, Vasant

  2002 *Growing Up Untouchable in India: A Dalit Autobiography*. Gail Omvedt（trans.）, Vistaar Publications.

内藤雅雄

  1994「マハーラーシュトラにおける不可触民解放の思想と運動」内藤政雄編『解放の思想と運動』，明石書店。

山際素男

  2000『破天』，南風社。

山崎元一

  1979『インド社会と新仏教――アンベードカルの人と思想』，刀水書房。

Zelliot, Eleanor Mae

  1969 Dr. Ambedkar and the Mahar Movement. Ph.D. Dissertation, University of Pennsylvania.

3 高野山大学におけるアンベードカル博士の銅像建立と 佐々井師による講演会実施の経緯

　和歌山県は2012年3月に当時の在大阪・神戸インド総領事館総領事ヴァカース・スワループ氏を講師として招き、「インドセミナー in 和歌山〜新しい経済関係構築へ〜」を主催した[1]。この「インドセミナー」の際にスワループ総領事が和歌山県知事仁坂吉伸氏を表敬訪問し、これを契機として和歌山県とマハーラーシュトラ州との間での交流促進に向けた取り組みが開始された。2012年以降、和歌山県とマハーラーシュトラ州による相互訪問と協議が実施された結果、2013年10月に仁坂知事が県内事業者や高野山関係者とともにマハーラーシュトラ州の州都ムンバイーを訪問した。この訪問の期間中に仁坂知事と当時のマハーラーシュトラ州首相プリトヴィーラージ・チャヴァーン氏との間で「インド共和国マハーラーシュトラ州と日本国和歌山県の相互協力における覚書」への署名がなされ、同覚書が締結された。和歌山県とマハーラーシュトラ州が世界遺産を保有している点と農産物の生産が盛んである点で類似するという認識から、この覚書には「相互の観光分野拡大」と「県州内企業間の農産品と食品の加工分野での促進」が記されている。この覚書締結の際にチャヴァーン州首相より仁坂知事に対し、和歌山県とマハーラーシュトラ州との交流促進を記念しインド憲法起草委員長を務めたアンベードカル博士の記念碑を和歌山県に設置することについて要望が出され、関係者の間で前向きに協議することが合意されるに至った。その後の協議を経て、アンベードカル博士記念碑除幕式を高野山開創1200年にあたる2015年の5月14日に高野山大学で実施することが決定された。

　この決定がインド国内で発表されたことを受け、佐々井師を支援する南天会が高野山大学に働きかけを行い、同大学において佐々井師による講演会が開催されることになった。その後マハーラーシュトラ州首相の訪日スケジュール変更により除幕式は延期となったが、佐々井師は2015年5月28日から7月7日の日程で来日し、6月14日に高野山大学黎明館において「アンベードカル博士銅像建立奉賛 佐々井秀嶺高野山講演」（主催：高野山大学・南天会、後援：高野山真言宗総本山金剛峯寺国際局・東方出版・アンベードカル博士

国際教育協会日本支部)を行った(写真1)。講演会の前にアンベードカル博士の銅像を設置予定の台座にブッダとアンベードカル博士の肖像画が置かれ、9時半に佐々井師が在日インド人仏教徒とともに献花と五戒文読経を行った。午前10時からの第1部では佐々井師が「私観南天鉄塔」と題し、これまでの自身による南天鉄塔に関する調査と発掘作業について講演した後、インド国立ナーランダ大学院生でインド仏教遺跡を研究する中村龍海氏が解説を加えた(写真2)。午後1時からの第2部では「B. R. アンベードカル及びエンゲイジド・ブッディズム研究会(関根康正、志賀浄邦、鈴木晋介、根本達)」が「アンベードカル博士と現代インドの仏教徒」についてそれぞれの研究の成果を発表した(写真3)。この講演会第2部の発表論考をまとめたものが本書である。次にアンベードカル博士国際教育協会の活動紹介が行なわれた後、第3部「インド仏教の最高指導者だけど、何か質問ある？」では佐々井師がニコニコ動画の視聴者からの質問に答えた。主催者発表によると講演会には400名以上が参加し、ニコニコ動画による講演会の中継は延べ6万人を超える視聴者数を記録した。

写真1　佐々井秀嶺高野山講演 (2015年6月14日、山本宗補氏撮影)

写真2　講演第1部（2015年6月14日、山本宗補氏撮影）

写真3　講演第2部（2015年6月14日、山本宗補氏撮影）

講演会から3カ月後の2015年9月10日、仁坂知事とマハーラーシュトラ州首相デヴェンドラ・ファドナヴィース氏の出席のもとアンベードカル博士記念碑除幕式と記念式典が無事に執り行われ、マハーラーシュトラ州から寄付された銅像が高野山大学に建立された。このアンベードカル博士の銅像はインド各地に存在するものと同じく、スーツとネクタイを着用したアンベードカル博士が左手にインド憲法を携え、右手の人差し指で前方を指しているものである。

注

1) 本節は以下の参考文献のほか、和歌山県文化国際課と南天会へのインタビューをまとめたものです。

参考文献
南天会
2015『龍族』第4号, 佐々井秀嶺上人一時帰国記念特大号, 龍族編集部。
和歌山県
2012「インドセミナー in 和歌山 〜新しい経済関係構築へ〜」, 企業振興課。
http://www.pref.wakayama.lg.jp/prefg/061000/national/new-nationalHP/indoseminer.html (2016年2月8日アクセス)
2013 記者発表「知事のインド訪問 (概要と評価)」, 文化国際課。
http://www.pref.wakayama.lg.jp/chiji/press/251015/251015_1.pdf (2016年2月8日アクセス)
2015 記者発表「インド・マハラシュトラ州ファドナヴィス首相の来県について」, 文化国際課。
http://www.pref.wakayama.lg.jp/chiji/press/270824/270824_3.pdf (2016年2月18日アクセス)

第**1**章

B. R. アンベードカルが示した〈道 (mārga)〉

志賀 浄邦

1 はじめに

　B. R. アンベードカル (1891年4月14日生–1956年12月6日没) は、「マハール」といういわゆるアウトカースト (旧不可触民、指定カースト、ダリット、ハリジャン等と呼ばれることもある) の出身であったことから、幼少時代より多くの理不尽な差別を経験した。一方、学業成績は優秀で、当時のバローダ藩王の推薦もあってアメリカのコロンビア大学 (1913-1916) およびイギリスのロンドン大学 (1916-1917; 1920-1923) に留学した。留学中に二つの博士号と弁護士資格を取得しインドに帰国したが、帰国後は生涯を通じて不可触民差別の撤廃のために闘い続けた。彼と同時代に生き、国民会議派の指導者であったM. K. ガンディーとは、不可触民制の撤廃の方法と選挙制度の設計に関して激しく対立する。ガンディーは、不可触民制の廃止を目指していたもののカースト制自体は存続させることを目論んでいたほか、アンベードカルが主張していた、不可触民の代表を不可触民から選ぶ分離選挙制度に反対した。1932年、ガンディーが分離選挙の撤回を求めて「死に至る断食」に入ると、アンベードカルは撤回を余儀なくされる。1947年にインドが独立してからは、ネール内閣下で法務大臣、さらには憲法起草委員会の委員長として活躍し、1950年に施行されたインド共和国憲法において「不可触民制の廃止」(第17条) を条文化することを果たした。またシッダールタ・カレッジ (ムンバイー) やミリンダ・カレッジ (オーランガーバード) など多数の教育機関を設立して、下層民衆の教育事業にも貢献した。

カースト制及び不可触民制を正当化する教理をもつヒンドゥー教の枠内にいる限り差別問題の解決は不可能であると考え、最終的に、自由（liberty）・平等（equality）・友愛（fraternity）の精神を説く仏教への改宗を決意する。1935 年にヒンドゥー教以外の宗教への改宗を宣言するが、改宗宣言以後の長い検討と熟慮の末、1956 年 10 月 14 日にナーグプルにおいて 30 〜 60 万人の民衆と共に仏教への改宗を決行した。1956 年 12 月 6 日、後にインド仏教徒にとってのバイブル的存在となる『ブッダとそのダンマ（*The Buddha and his Dhamma*）』を完成させた後、急逝した。

　本章では、このような激動の人生を送ったアンベードカルが、彼の後に続く人々に対して示した〈道〉とはいかなるものであったかについて明らかにしたい。〈道〉に対応する原語は、「マールガ（mārga, サンスクリット語・パーリ語）」あるいは「マールグ（mārg, ヒンディー語）」であるが、この語を標題の一部に組み込んだ理由は、アンベードカル自身がブッダのことを、単なる「宗教的救済を与える方／救済者（Giver of Salvation, モークシャ・ダーター）」ではなく、あくまで実践を前提とする「道を示す方／求道者（Way Finder, マールガ・ダーター）」と呼んでいることによる［Ambedkar 2011: 118］。なお、ブッダの説いた涅槃（悟り）に至るための八つの正しい方法（八正道）もまた八つの「マールガ」である。本章は、アンベードカルが示した〈道〉とはいかなるものであったかを究明することを目的とするが、具体的には、それが現代の仏教徒にいかなる形で継承されているのか、またそもそも彼が理解したブッダの「ダンマ（法）」とはいかなるものであったのかについて明らかにしたい。また、「エンゲイジド・ブッディズム（社会に関わる仏教）」及び「社会苦」の観点からインドを含む現代社会の様相を捉えた上で、アンベードカルによる運動の意義について考察する。

2　インド仏教徒の躍動

　アンベードカルは、1942 年にナーグプルで開催された全インド被抑圧者階級会議でのスピーチにおいて、人々に次のように語りかけた。

私からあなた方への最後の助言の言葉は、『（同朋と子弟を）教育せよ（educate）、（自由と平等の実現のために）声を上げよ（agitate）、（自由と平等のための運動を）組織せよ（organize）。自らを信じ、決して希望を失わないように』ということです。私はいつもあなた方と共にあります。あなた方もまた私と共にあることを知っているから。[Ambedkar 2003: 276]

　アンベードカルによる、この「教育せよ、声を上げよ、組織せよ」というスローガンは、その後のインド仏教徒によって受け継がれ、実践されることとなるが、それはどのような形で実現されているのであろうか。この点について、毎年4月14日に行われる「アンベードカル生誕祭（アンベードカル・ジャヤンティー）」を一事例として取り上げ、考察してみたい。

　アンベードカル生誕祭は、インド仏教徒にとって改宗記念祭（9月あるいは10月に開催）に次ぐ最大規模の行事の一つである。祭典の日が近づくと、特に仏教徒居住区は五色の仏教旗と法輪が描かれた多数の旗で彩られる。夜にはきらびやかなイルミネーションが施され、辺りは祝祭ムード一色となる。人々はこの日に向けて、アンベードカルの生涯や不可触民差別等をテーマ・モチーフとした展示物やジオラマ作品の制作を開始する。例えば、仏教徒が多く住むインドーラ地区では、アンベードカル生誕祭当日の夕方から夜にかけて各グループあるいは共同体で制作した大小の作品が路地の四つ角ごとに展示される。仏教徒は路上においてアンベードカルの思想や功績を形にして表現するべく、仲間たちと共に毎年新しい作品を創作する。具体的には、マハーラーシュトラ州出身の社会改革者ジョーティラーオ・ゴーヴィンドラーオ・フレー（1827年4月11日生–1890年11月28日没、マハトマ・フレーとも呼ばれる）とアンベードカルそれぞれの妻の存在とその活躍を讃えた作品（2015年、写真1参照）、若き日のアンベードカルが貧困の中勉学に励む様子を描いた作品（2015年）、仏教徒の少年少女が描いたアンベードカルやブッダの似顔絵を含むイラストを展示した掲示板（2015年）、上半身裸で腰に痰壺と自分の影を掃き消すための小さな箒を所持する、旧不可触民の姿を表現したと思われる人物の像を含む作品（2012年、写真2参照）、小学校時代のアンベードカル

が一人だけ教室外に出され授業を受けている様子を描いた作品（2012年）、政治家・医者・弁護士等、上位カースト出身で社会的地位の高い者たちが脱いだ靴を頭上に上げてアンベードカルを侮蔑しようとしている様子が表現された作品（2012年）などが見られた。またこの日、インドーラ地区の周辺は家族連れの人々で賑わうが、メッセージ性の強い作品群は仏教徒にアンベードカルの教えを思い出させたり、意識を変容させるなど、人々を啓蒙する役割も果たしている。

　また作品が持つ批判精神あるいは批評性も見過ごすことはできない。例えば2015年のアンベードカル生誕祭においては、バングラデシュで起こったイスラム教徒による仏教徒迫害事件を題材とし、その現状を報告すると共に、その迫害をアンベードカルが非難していることを示唆する作品が見られた（写真3）。アンベードカルの功績を讃えるもののみならず、このような性格の作品が存在するのは注目に値する。

　アンベードカル生誕祭の目玉は、前夜祭の日に行われる、仏教徒による大規模なラリーである。4月13日の夜9時頃、老若男女数百人の仏教徒たちがインドーラ寺院の前に集結する。佐々井秀嶺師が導師として同寺院前に屹立するアンベードカル像に献花しトーチに火を灯した後、ラリーが開始される。佐々井師と数名の出家僧は、巨大なアンベードカルの図像が背後に掲げられ、装飾が施されたラリー特別仕様車に乗り込み（写真4）、しばらくラリーを先導した後、大通りに出てからはラリーを後方から追尾する。ラリーの参加者は各地からやって来た人々と合流しながら増加し続け、何万人規模にまで膨れ上がって最終目的地であるサンヴィダーン・チョーク（憲法交差点）に到達する（写真5）。インドーラ寺院からの参加者は、3〜4kmの道のりを約3時間かけて移動することになる。ナーグプルの中心部に位置するこの交差点には、一段高くなった場所にアンベードカルの銅像が存在するが、深夜0時になり4月14日になった瞬間、佐々井師と僧侶たちはそのアンベードカル像に花環を捧げて簡単な勤行を行う。それと同時に何万人ものインド仏教徒が一斉に、また盛大にアンベードカルが誕生した日を祝うのであるが、その姿は圧倒的な光景である。このラリーでは、普段は内に秘められている仏教徒のエネルギーが祝祭の熱狂のなかで解放され、共振する。彼らは共にダイナ

第 1 章　B. R. アンベードカルが示した〈道（mārga）〉　27

写真 1　アンベードカル及びフレーとその妻の功績を讃えるジオラマ作品
（2015 年 4 月 14 日、筆者撮影）

写真 2　旧不可触民の姿を再現したジオラマ作品（2012 年 4 月 14 日、筆者撮影）

写真 3　仏教徒の迫害を糾弾するジオラマ作品（2015 年 4 月 14 日、筆者撮影）

写真 4　特別仕様車に乗り聖火を持つ佐々井秀嶺師（2015 年 4 月 13 日、筆者撮影）

写真 5　アンベードカル生誕前夜祭で行われるラリー（2015 年 4 月 13 日、筆者撮影）

写真 6　生誕祭当日、改宗広場ドーム内部での勤行（2015 年 4 月 14 日、筆者撮影）

ミックに踊り、声高らかに歌いながら目的地に向かって前進を続ける。参加者全員が一体化し「共身体」が形成され、あたかも一体の巨大な龍がうねりながら遊弋しているようにも見える。

4月14日の当日は、ディクシャー・ブーミ（改宗広場）にある、ドーム状の建造物（サーンチーの仏塔を模したといわれる）内部の礼拝堂において公式行事が行われる。佐々井秀嶺師と僧侶たちはアンベードカルの遺骨が納められた納骨塔（ストゥーパ）を三度右繞した後、ブッダ像の前で勤行を開始する（写真6）。その後、佐々井師による説法も行われる。2015年は他に、アンベードカル博士慈善病院の開設イベント、アンベードカル博士国際空港（ナーグプル空港）における空港スタッフによる集会、ナーグプル近郊の村落で行われたアンベードカル像の落慶式などアンベードカルにまつわる行事が各地で数多く行われた。一連の行事に参加する仏教徒は総じて、アンベードカルから受けた大いなる恩恵に対して何か「恩返し」をしなければならないという思いを持っている。アンベードカル生誕祭は、アンベードカルの「未完のミッション」がインド仏教徒の手によって着実に実現され、遂行されていることを目の当たりにできる好機である。そして形として表現された数々の成果は、仏教徒の間に希望を生み出している。

3　「ダンマ（法）」とは何か？

次に、アンベードカルが理解したブッダのダンマ（法）とはいかなるものであったかについて考究してみたい。例えば、『ブッダとそのダンマ』の出版後に大菩提会（Mahābodhi Society）が同書を酷評しているように、アンベードカルの仏教理解は、伝統を無視し文献批判に耐えない恣意的なものであるなどと批判されることが多かった。確かにアンベードカルは、不可触民制の廃絶やカースト差別の撤廃などのいわば社会変革・政治改革を目指していたため、ブッダの教えを字義通りに理解するだけにとどまらず、自らの行動原理として読み直していくこともあったと考えられる。しかしながら、上記のような批判は的を射たものであるとは言い難い。『ブッダとそのダンマ』には〈ダンマ（法）〉を「社会的」なもので「生活のあらゆる面における人と人との正しい

関係」と解するなど、社会を念頭に置いた記述が多いものの、同書における
記述を丹念に追えば、基本的にブッダの説いた仏教に忠実で、そこから大き
く逸脱することはないことがわかる。

　それでは具体的にアンベードカルはブッダが説いた〈ダンマ〉をどのよう
に理解していたのであろうか。『ブッダとそのダンマ』において〈ダンマ〉と
は、①清らかな生活を送ること、②人生の完成に達すること、③涅槃（ニル
ヴァーナ）に生きること、④渇望を捨てること、⑤すべての事象は無常である
と確信すること、⑥業（カルマ）は道徳的秩序の媒介者であると確信するこ
とと述べられている。これらのうち、①・②・③・⑤について詳しく見てい
きたい。

　まず①「清らかな生活を送ること」とは、行動・言辞・精神の面で清らか
さを保ちながら生活することで、いわゆる「五戒」を遵守することを指す。五
戒とは、(1) 殺生をしないこと、(2) 与えられていないものを奪うこと、(3)
邪な性的欲望をもたないこと、(4) 嘘をつかないこと、(5) 酒・麻薬を摂取し
ないことを指す。なお、これらは仏教への改宗の際に唱和する二十二の誓い
の第13〜17番目に相当する。仏教に改宗するのは旧不可触民とされていた
人々である場合が多いが、インド社会の最下層で暮らす彼らにとって、五戒
の中で戒められていることは日常的に存在している。すなわち、暴力や虐待・
窃盗・性的虐待や性暴力・詐欺や搾取・人身売買・アルコール中毒や麻薬・
飲酒に関わる犯罪等が周囲で横行し、それらに巻き込まれる危険性も高い。
そのため五戒を遵守することは、そのような行為や環境からできる限り自分
自身を遠ざけ、結果的に自分の心と身体を守る働きを有しているとも言え
る。

　次に、②「人生の完成に達すること」とは「十波羅蜜（十の徳目の完成）」の
実践を指す。十波羅蜜とは、ブッダが前生において行った修行を指すが、後
に大乗仏教において菩薩の実践徳目として体系化される六波羅蜜の原型とさ
れるもので、すでにパーリ仏典中に見られる。十の徳目とは具体的に、[他者
への] 施し・倫理的気質 [を保つこと]・忍耐・努力・智慧・[世間的な欲望等か
らの] 脱離（renunciation）・真実・決心・慈しみ・[無関心ではなく] 超然とし
ていること（detachment）（括弧内の補い・訳語はアンベードカルの解説に従った）

を指すが、これら十の徳目の実践は「二十二の誓い」の第12項目に相当する。これら十の徳目のうち、施し・倫理的気質（持戒）・忍耐・努力・智慧は六波羅蜜と共通している。また、施し・忍耐・慈しみは、他者あるいは社会との関係の中での実践項目と見なすことが可能である。これらを社会に対するエンゲイジメントあるいはコミットメントの要素と見なすこともできようが、ここでいう「エンゲイジメント」は「デタッチメント」の要素、すなわち〈脱離〉及び〈超然としていること〉という徳目と共にある、あるいはそれらを前提としているという点も見過ごすことはできない。ブッダの仏教はそもそも出家修行者に向けて説かれたものであり、その教義・修行体系は出家することを前提としている。そのため、仏教の言葉は必然的に世俗社会の価値観を出世間的な視点から相対化あるいは否定する方向性を持っている。後述する「エンゲイジド・ブッディズム」は仏教が持ちうる社会性や利他性、公共性を示す用語であるが、仏教の社会に対するコミットメントは、あくまで一旦世俗的な価値観を離れ、世俗世界を相対化した後に行われるべきであるという点には注意しておかなければならない。「デタッチメント」の要素がなければ、仏教徒による運動や実践が既存の政治権力や社会勢力に巻き込まれたり利用されたりする結果を招くことにもなりかねないからである。

　③「涅槃（ニルヴァーナ）に生きること」について、アンベードカルはニルヴァーナをパリニルヴァーナ（完全な涅槃）とは別のものであり、「人が正しい道を進むことができるように、煩悩（貪り・怒り・無知）を十分に統御すること」、さらに簡潔に「正しい生活」［Ambedkar 2011: 127f.　cf. アンベードカル2004: 158］と表現している。さらには、経典を引用することによって、間接的にニルヴァーナとは八正道の実践そのものであるとも述べている。四聖諦の枠組みに当てはめれば、アンベードカルは、本来修行者にとっての最終目標を示すニルヴァーナ＝「滅諦」とそれを実現するための手段としての「道諦」（具体的には八正道・中道）を同一視していることになる。なお、八正道はブッダの教説として最も有名なものの一つであるが、「二十二の誓い」の第11番目のものとしても言及されている。八正道についても、アンベードカルは新しい見方を提示している。例えば、正見を八つの道のうち最も重要なものと見なして、

世界は地下牢(dungeon)であり、人はその地下牢の中の囚人(prisoner)であることに気づかなければならない。この地下牢は暗闇で満たされている。あまりにも暗いため、囚人はほとんど何も正しく見ることができない。囚人は自分が囚人であることさえ知らない。(中略)ほんの僅かな光を通してやるだけで、それは闇というものが存在することを示すのに十分であろう。(中略)[ある人の]意志の働きをどの方向に導いていくかを見極めるために十分な、その光の到来によって、人はその意志の働きが自由(liberty)に結びつくようにそれら(=意志の働き)を導くことができるかもしれない。このように、人は束縛されているものであるが、それでも自由になることもできるのである。[Ambedkar 2011: 70 cf. アンベードカル 2004: 89]

と述べ、正見を暗闇を照らし出す光に喩えている。ここでは、「無明」という「地下牢」に閉じ込められている人々と、何千年もの長きに渡って社会の最下層に留め置かれた旧不可触民の人々の姿とが重ね合わされているように見える。また「正精進」については、「無明を取り除くための、すなわち苦痛に満ちた牢獄(prison house)から解放へと導いてくれる扉に達し、それを押し開くための主要な努力」[Ambedkar 2004: 71 cf. アンベードカル 2004: 90]と言い換えられており、単に仏道修行に励むこと以上の意味が付与されている。ここでも無明の状態が牢獄に喩えられており、不可触民が置かれてきた境遇を想起させる。

　また、⑤「すべての事象は無常であると確信すること」は、三法印の一つでもある「諸行無常」に対応するものであるが、このことの教訓として「何ものにも執着するな。それは、超然としていること(detachment)、すなわち財産・友人・その他全て[の世俗的利害]に対して超然としていることを養成するために、ブッダはこれら全てのことは無常であると述べた」[Ambedkar 2011: 130 cf. アンベードカル 2004: 160f.]と述べられている。ここでは、ブッダの無常観が、上でも述べた世俗世界からの「デタッチメント」と関連付けられていることは注目に値する。

　その他、アンベードカルがダンマを「倫理性(morality)」と理解しているの

も、特徴的である。これは単なる時代や社会状況・環境によって異なる倫理性ではなく、普遍的で神聖なものでなければならないとされる。アンベードカルはさらに「倫理性」を「友愛（fraternity）」や「同胞愛（brotherhood of men）」とも言い換えている。[Ambedkar 2011: 172f. cf. アンベードカル 2004: 211-213]

4 「エンゲイジド・ブッディズム」の視点から見た現代インド仏教

　「エンゲイジド・ブッディズム」は元々、ベトナム出身の禅僧ティク・ナット・ハンによって提唱されたものであるが、この概念自体は、近代中国において仏教の改革を推進した釈太虚や釈印順が提唱した「人間仏教」の思想を起源としている。[志賀 2016: (81)]「エンゲイジド・ブッディズム」は、「社会参加仏教」「行動する仏教」「闘う仏教」等、様々な表現で訳されるが、ムコパディヤーヤ [2009: 71] によると、「『社会参加仏教』は仏教者が布教・強化などいわゆる宗教活動にとどまらず、様々な社会活動も行い、それを仏教教義の実践化と見なし、その活動の影響が仏教界に限らず、一般社会にも及ぶという仏教の対社会的姿勢を示す用語である。仏教者による平和構築、人権問題、環境保護、社会開発などの各種の社会活動や政治運動への積極的な取り組みである」と定義されている。アンベードカルによる 1956 年の集団改宗を機に復興を遂げた現代インド仏教も、「人間の平等」というブッダの思想の実現を目指し、不可触民差別という人権問題に正面から取り組もうとするものであり、上記の定義に当てはまる。

　アンベードカルの仏教の特徴としては、ブッダ当時の仏教（原始仏教）に依拠しつつもその現代的理解と実践を目指す点、科学性・合理性を重視する点を指摘することができる。またアンベードカルは、仏教が持つ「自由（liberty）・平等（equality）・友愛（fraternity）」の精神を重視するが、これらは決してフランス革命時のスローガンを借用したものではなく、自身がブッダの教えの中に見出したものであると述べている。この三つの原理を平易な形で表現すれば、人々が慈しみの心をもって共に敬い助け合いながら（「友愛」）、豊かに安心して生きることができる、「自由」で「平等」で公正な社会の実現を目指す、ということもできるだろう。

先に「エンゲイジド・ブッディズム」に関して、社会に関与・参加する前提としてある種の「デタッチメント（出世間的視点・姿勢）」が担保されていなければならないと述べたが、もう1点仏教の社会に対する関与の仕方が他の宗教と異なるのは、〈苦 (duḥkha, 思うに任せないこと)〉から目を逸らさずそれと向き合うという点である。ブッダが説いた通り、代表的な苦としては生老病死や求不得苦（求めるものが得られない苦）などがあるが、それらはいずれも最終的には個人に還元されるものであるため、〈個人の苦〉と呼ぶことができるであろう。ブッダの教えが、出家修行者に向けられ、修行の末に自分自身の苦を乗り越えて涅槃（ニルヴァーナ）に至ることを目指すものである以上、個人の苦がフォーカスされるのは当然である。

一方、時代と共に次第に苦の範囲が広がっていくと、個人の苦としては収まらない事例も多くなってくる。ベトナム戦争とそれに付随して起こった仏教弾圧をきっかけとしてティク・ナット・ハンによって始められたエンゲイジド・ブッディズム運動は、個人的な苦のみならず〈社会的な苦〉にも光を当てた。これはいわば〈集合的な苦〉である。人間は個人としてどれほど仏教の教えに忠実な暮らしを送っていたとしても、人間が社会的存在である以上、住んでいる時代・環境・社会情勢に応じて様々な苦に巻き込まれる可能性がある。社会的な苦の例としては、差別・偏見、人権侵害・抑圧、貧困・格差、暴力・戦争・紛争、環境破壊等を挙げることができるであろう。また四聖諦に従えば、個人の苦の原因は煩悩であるが（集諦）、社会的な苦の原因は〈集合的な煩悩〉であるとも言える。具体的には、集合的な欲望・憎悪・恐怖・不安・迷妄・無関心等がそれにあたるだろう。

そして、個人の苦の原因の根源にあるものが〈無明〉であるとすれば、社会的な苦の原因は〈集合的な無明〉であるということになる。ここで重要な点はこれらが、生老病死のように人生において避けて通ることができないものといった類のものではなく、何らかの形で人間の手によって生み出されたものであるということである。これは、人為的に生み出された〈無明〉という意味で〈人知の闇〉[安富・本多 2011]と言い換えることもできる。このような〈人知の闇〉は、遠く離れたインドという国のローカルな問題にとどまるものではない。

現代の日本社会においてもあらゆるところで〈人知の闇〉が広がっている。貧困や格差の問題、監視・管理社会の進行、基本的人権の軽視、マイノリティー集団に対する排外主義運動、言論・思想の自由の危機、反知性主義の蔓延、盲目的な対米従属、福島第1原発周辺の放射能汚染や原発の再稼働の問題、戦争参加のための法整備と憲法の恣意的解釈、武器の輸出や開発の問題など、枚挙に暇がない。

それでは、このような現実を前にして、現代を生きる私たちには一体何ができるのだろうか。仏教者（あるいは仏教に関わる人々）が連帯して実現すべきことは、ブッダの智慧を源泉とする、集合的・社会的な叡智の光によって、〈人知の闇〉とそれを生み出す構造を照らし出し、打ち破るということである。そのためには、まず現実がいかなる状態にあるかを知ることから始めざるを得ないだろう。一人一人が個人の〈無明〉のみならず、少しでも社会に広がる〈人知の闇〉の存在に気づき、危機意識をもつことが重要である。そして小さな光でもよいのでまずは自分の足元を照らしてみる、あるいはどのようなことでも小さな一歩を踏み出してみるなど、まずは自分の手の届く範囲でできることを行うことが大切なのではないだろうか。一人一人の気づきと行いを積み重ねていけば、その光はやがて〈人知の闇〉を照らす叡知の光として結集されていくであろう。

5　アンベードカルの仏教は単なる社会運動なのか？

アンベードカルの事績や『ブッダとそのダンマ』の内容を評する言説のなかで根強いものは、彼の一連の運動は単なる社会運動あるいは政治運動であって決して仏教ではないという意見である。確かにアンベードカルの主張や『ブッダとそのダンマ』が説く内容は、佐々井 [2004: 409] が指摘しているとおり、成仏・往生思想や業・輪廻・解脱思想等の点において伝統的な仏教の教説とは異なっているかもしれない。またアンベードカル自身が仏教を信仰し実践しようとしたのではなく、仏教を政治・社会運動に利用しただけではないかという批判がなされることもある。しかしながら下記の記述を見れば、アンベードカルが必ずしも仏教を社会改革の手段としてのみ捉えていた

わけではないことがわかる。

> 私にとって闘いは喜び（joy）なのです。その闘いは完全な意味で霊的な（spiritual）ものです。そこには、物質的なものや社会的なものは何もありません。私たちにとって、闘いは富や権力のためのものではありません。それは自由のための闘いなのです。それは、人間としての人格の再生（reclamation）のための闘いなのです。［Keer 2010: 351 cf. キール 2005: 253］

これは第2節の冒頭にも引用した、1942年にナーグプルで開催された全インド被抑圧者階級会議でのアンベードカルのスピーチの一部である。「教育せよ、声を上げよ、組織せよ」というスローガンを述べた後に、この一節が述べられている。アンベードカルにとっての「闘い」とは喜びであり、霊的・精神的なものであり、物質的なものでも社会的なものでもない。また「闘い」の目的は富や権力を獲得することではなく、差別や迫害、貧困や生活上の制限などによる社会苦から自由になること、さらには人格を再生させることであると主張している。

6　結論に代えて

今から約60年前、アンベードカルは、「偉大なる改宗に際して」と題されるスピーチにおいて以下のように述べた。

> 現在の世界情勢にあって、仏教は世界平和のために欠くべからざるものです。今日、皆さんは、仏教徒として自己の解放に努めるのみならず、祖国そして世界の向上のためにも働くことを誓わなければなりません。（中略）今まで私たちの多くは日々の糧を得ることにばかり関心を向けていました。自己中心的であってはなりません。利己的な考え方をしてはなりません。［アンベードカル 1994: 253］

この言葉は過去に述べられたものであるが、現在読んでもなおアクチュアルな響きを湛えている。仏教が世界平和のために何か直接的にできることがあるかと問われた場合、これといった明確な答えは出せないとしても、仏教者として、仏教的な視点から何かを発信したり、何らかの行動を取ることはできるはずである。仏教の究極的な目的は、出家僧であれ在家信徒であれ、苦からの解放あるいは自我という殻（あるいは執着心）から解放されることである。しかしながらアンベードカルは、仏教徒である以上自己の解放のみで終わってはならないと説く。自己中心的・利己的な考えは改め、祖国そして世界の向上のために力を尽くしなさいと言う。

近年、ローマ法王フランシスコ1世が、世界はすでに第3次大戦の状態にあるという懸念を表明したことが話題となったが、実際に現在世界情勢は混迷を極めている。世界各地でテロリズムや宗教・民族対立が頻発し、社会的に弱い立場にある多くの人々が人道的な危機に瀕している。そのような状況の中で、今日本人として、あるいは仏教者として何ができるのか。そのことをアンベードカルから問われているような気がしてならない。

参考文献

アンベードカル, B. R.
　　1994「偉大なる改宗に際して」『カーストの絶滅』山崎元一・吉村玲子訳, pp. 225-254, 明石書店。
　　2004『ブッダとそのダンマ』山際素男訳, 光文社。

キール, ダナンジャイ
　　2005『アンベードカルの生涯』山際素男訳, 光文社。

佐々井秀嶺
　　2004「『ブッダとそのダンマ』再刊によせて」, アンベードカル (2004) 参照。

志賀浄邦
　　2012「仏教と社会変革──妹尾義郎・B. R. アンベードカル・佐々井秀嶺の思想と実践」『京都産業大学日本文化研究所紀要』第17号, pp. (176) - (228)。
　　2016「台湾仏教・慈済会による慈善活動とその思想的基盤──菩薩行としてのボランティア活動と『人間仏教』の系譜」『京都産業大学日本文化研究所紀要』第21号, pp. (48) - (103)。

ムコパディヤーヤ, ランジャナ

　　2009「社会参加仏教（エンゲイジド・ブッディズム）──アジア仏教徒の社会的行動そ
　　　　して日本仏教の可能性」国際宗教研究所編『現代宗教〈2009〉変革期のアジアと宗
　　　　教』, 秋山書店。

安冨歩・本多雅人

　　2011『今を生きる親鸞』, 樹心社。

山崎元一

　　1979『インド社会と新仏教──アンベードカルの人と思想』, 刀水書房。

Ambedkar, B. R.

　　1987 Buddha or Karl Marx. In *Dr. Babasaheb Ambedkar Writings and Speeches*, Vol. 3,
　　　　pp. 441–462.

　　2003 *Dr. Babasaheb Ambedkar Writings and Speeches*, Vol. 17, Part 3, p. 276.

　　2011 *The Buddha and his Dhamma: A Critical Edition.* A. S. Rathore and A. Verma
　　　　(eds.). Oxford University Press.

Dhananjay Keer

　　2010 *Babasaheb Ambedkar: Life and Mission.* 4th edition.

Queen, Christopher S. and King Salie B. (eds.)

　　1996 *Engaged Buddhism: Buddhist Liberation Movement in Asia.* State University of
　　　　New York Press.

第2章

ポスト・アンベードカルの仏教徒運動についての試論
南アジアにおける暴力的対立克服への示唆

根本 達

1　はじめに

　現代インドにおける反差別運動の文脈で頻繁に引用されるのはM. K. ガンディー（Mohandas Karamchand Gandhi, 1869-1948）とB. R. アンベードカル（Bhimrao Ramji Ambedkar, 1891-1956）の思想と実践である。科学的推論よりも直感的な確信を優先し、「ポスト啓蒙主義の主題とは完全に矛盾する」立場に立ったとされるガンディー［Chatterjee 1986: 96-97］は、自己と他者を分割できない「伝統的なインドのモード」を選択し、「差別者」と「被差別者」との相互作用を通じてカースト・ヒンドゥーが道徳的責任に目覚める「自己浄化」を主張した［Nagaraj 2010: 45, 78　cf. ガンディー 1994］。しかしそのプロセスでは被差別状況にある「不可触民」が反差別運動で中心的役割を担うことはできない［Nagaraj 2010: 48, 67］。一方、科学や歴史、合理性、世俗主義、人間の理性を信頼した「真のモダニスト」と呼ばれるアンベードカル［Chatterjee 2004: 9］は「近代的な西洋のモード」を選択し、「不可触民」自身による「自己尊厳」の獲得を重視した［Nagaraj 2010: 78-79　cf. Ambedkar 2010 2011］。そこでは「不可触民」とカースト・ヒンドゥーとの関係性が否定され、両者が相反するカテゴリーとして分離される。このカースト・ヒンドゥーと「不可触民」の分離が現代インドにおいて「相互の恐怖と不信」による暴力を生んでいる［Nagaraj 2010: 139　cf. グハ 2012: 318-320］。

　本論では1956年以降の時代を「ポスト・アンベードカルの時代」と呼ぶ。排他的な当事者性に依拠した自己尊厳の獲得モデルによって暴力的対立が生

まれるなか、この時代を生きる仏教徒たちの反差別運動は①アンベードカルの思想を引き継いでいる、②アンベードカルの運動からズレながら展開している、③まだ明確な名前で表現されていない、という共通点を持つ。1980年代の南アジアでは1983年にコロンボで発生したシンハラ人による反タミル人暴動とそれ以降の内戦、1984年にデリーで起きたヒンドゥー教徒による反シク教徒暴動が発生し、1990年代以降もインドでは1992年のアヨーディヤー事件と2002年のゴードラー暴動というヒンドゥー教徒による反イスラーム教徒暴動といった民族・宗教対立と大量虐殺に直面してきた [Daniel 1996; Das 1990; Ghassem-Fachandi 2012; Tambiah 1996]。以下では1956年の集団改宗と指導者アンベードカルの死去から60年が経過したポスト・アンベードカルの時代である現在、インドのナーグプル市や近郊農村において対面的二者関係を通じた絶対的差異の否定が必ずしもアイデンティティ・ポリティクスの弱体化をもたらすのでなく、排他的な他者否定に基づく仏教徒運動をさらなる展開へと導いている点を考察する。この展開が南アジアにおける暴力的対立の克服に向けた一つの示唆を与えてくれる[1]。

2　ナーグプル市概要

　ナーグプル市はインド西部マハーラーシュトラ州の一都市である。ムンバイーを州都とするマハーラーシュトラ州は35県によって構成され、ナーグプル市はナーグプル県内に位置する。2011年インド国勢調査によるとナーグプル市の人口は240万5665人であり、インド全体では13番目、マハーラーシュトラ州ではムンバイーとプネーに続いて3番目に人口の多い都市である。他の大規模都市と同じく、ナーグプル市には様々な宗教を信仰する人々が混在しながら暮らしている。ナーグプル市の人口のうちヒンドゥー教徒は167万932人（75.04％）、仏教徒が37万4537人（14.36％）、イスラーム教徒が28万7436人（8.40％）、キリスト教徒が2万7569人（0.74％）、ジャイナ教が2万1689人（0.90％）、シク教が1万6369人（0.68％）となる。インド人口における仏教徒の割合が0.70％であることから、ナーグプル市では仏教徒の割合が非常に高いことがわかる [Office of Registrar General and Census Commissioner,

India 2011]。

　マハーラーシュトラ州ではヒンドゥー教の神ガネーシャへの信仰が盛んである。ナーグプル市でもバードラパダ月（太陽暦8〜9月）のガネーシャの祭日（ガネーシャ・チャトゥルティー）が盛大に祝われ、市内に数多く存在するヒンドゥー教寺院の中で最も著名なものはシュリー・ガネーシャ・テクディー寺院である。これに加え、ナーグプル市には1925年創立のヒンドゥー至上主義組織RSS（民族奉仕団）の本部が存在する。ヒンドゥー・ナショナリズムを掲げるRSSは特にイスラーム教やキリスト教に敵対的な立場をとっている。キリスト教を見てみると、ナーグプル市は19世紀中旬までにはイギリス植民地主義の影響下に置かれ、イギリス人宣教師などによるキリスト教の布教活動が開始された。市内には英国国教会系のオール・セインツ・カテドラル（1862年設立）やカトリック教会の聖フランシスコ・サレジオ・カテドラル（1886年設立）など巨大なキリスト教会が数多く存在し、布教活動も継続して行われている。仏教に目を向けると、ナーグプル市は1920年代からアンベードカルが「不可触民」解放運動を展開し1956年に30万人以上の「不可触民」と仏教へ集団改宗した場所である。この集団改宗が行われた土地は「改宗広場（ディークシャー・ブーミ）」と呼ばれ、サーンチーの仏塔をモデルとした巨大な仏塔が建てられている（写真1）。また仏教徒居住区にはアンベードカルの銅像と仏教寺院が並んでいる。これらに加えナーグプル市では聖者へ

写真1　改宗広場（2013年8月31日、筆者撮影）

の信仰が篤く、マハーラーシュトラ州シィルディーの聖者サーイー・バーバー（sāī bābā, 1830年代-1918）の寺院（サーイー・マンディール）やナーグプルの聖者タージュディーン・バーバー（tājuddīn bābā, 1861-1925）の廟（タージ・バーグ）を数多くの人々が訪れている。

3　仏教の復興による反差別運動

　ナーグプル市を中心とする仏教徒運動の一つのかたちは、バーバーサーヘブ（父なる指導者）・アンベードカルが示した「自由、平等、博愛」の仏教をインドに復興し公正な社会の実現を目指す反差別運動である。アンベードカルは1956年集団改宗の約一カ月半後に死去したため、それ以降の仏教徒運動に思想的基盤を与えているのは彼が残した著作や演説である。そのなかで特に頻繁に引用されるのは1936年に発表された『カーストの絶滅』（2010）、1956年集団改宗式で読み上げられた「二十二の誓い」、彼の死後の1957年に出版された『ブッダとそのダンマ』（2011）である。ナーグプル市の仏教徒たちは1956年集団改宗以降、これらの著作からアンベードカルの思想を学びながら仏教の復興に取り組んできた。現在のナーグプル市や近郊農村における主要な仏教の祝祭は4月14日のアンベードカル生誕祭、ヴァイシャーカ月（太陽暦5〜6月）の満月の日のブッダ・プールニマー、アーシュヴィナ月（太陽暦9〜10月）の満月の日の改宗記念祭（転法輪の日）、12月6日のアンベードカル入滅日である。また主要な仏教儀礼として仏教への改宗式や仏教僧となる得度式、仏教寺院における朝夕の勤め、一般家庭での守護紐儀礼などが仏教僧によって執り行われている。

　仏教徒たちは反差別運動に取り組むことで「平等と科学の仏教徒」としての自己尊厳を獲得することができる。仏教徒が活動家（アンベードカライト）となるプロセスは、①日常生活においてカースト・ヒンドゥーによる差別を経験し、②アンベードカルの著作や演説から学んだ本質主義的二元論（「差別と迷信のヒンドゥー教」対「平等と科学の仏教」）を用いて自らの差別経験に意味を与え、③「自由、平等、博愛」の実現を目指す運動のなかで自らを「差別と迷信のヒンドゥー教」から分離することで「平等と科学の仏教徒」としての自

己尊厳を獲得していく、という三段階からなる。これにより「差別者」から分離された「同じ被差別状況にある当事者」として他の仏教徒と団結し、現状の変革を目指すことができる。仏教徒たちは1956年の集団改宗以降、アンベードカルの著作や演説からヒンドゥー教を「差別と迷信のヒンドゥー教」、仏教を「平等と科学の仏教」とする本質主義的な定義を学び取り、自らの生活環境からヒンドゥー教のものを取り除き仏教のものへと置き換えてきた。しかし仏教徒居住区と他宗教信者の居住区が完全には分離していないため特にヒンドゥー教徒との間で対立が生じてきた。仏教徒がヒンドゥー教の寺院を壊し仏教寺院とアンベードカル像を建てようとしたことからヒンドゥー教徒との間で裁判に発展した場所も存在する。

　アンベードカルを支持する活動家たちは大小様々な仏教徒組織を結成し、仏教徒たちが直面する問題の解決に取り組んでいる。例えば1991年に設立された「正義と平和を目指すアンベードカルセンター（Ambedkar Center for Justice and Peace, 以下ACJP）」はカナダとアメリカ在住のマハーラーシュトラ州出身の仏教徒を中心に活動が行われている。本部はアメリカにあり、インド国内ではムンバイーやナーグプル市に支部が設置されている。1991年の設立以降、ACJPは北米でアンベードカル生誕祭などのプログラムを毎年開催し、国連などではインド国内における「不可触民」への差別や児童労働などの人権侵害の問題について働きかけを続けてきた。ACJPは2002年に仏教僧佐々井秀嶺（1935―）とパリにあるUNESCO本部やジュネーヴの国連人権高等弁務官事務所を訪れ、ブッダガヤーの大菩提寺の管理が適切でないために仏像が盗難されていることなどを訴える資料を提出した。

4　近郊農村Uにおける飲料水プロジェクト

　2000年に設立された仏教徒組織「平等のための多目的組織（Samatā Bahu-uddeśīya Saṃsthā, 以下SBS）」は、ACJPと1994年に東南アジアで設立された仏教徒組織「アンベードカル博士国際ミッション（Dr. Ambedkar International Mission）」の下、主にナーグプル市内において「二十二の誓い」を広めたり仏教徒の家からヒンドゥー教の神を回収・焼却したりする活動などに取り組ん

できた。しかし2000年代後半に両組織の指導者が対立したことを受け、SBS
はメンバーの出身村であるU村を拠点として独立した活動を行うようになっ
た。U村はナーグプル市と同じナーグプル県内に存在し、ナーグプル市から
約38kmの距離にある（写真2）。U村の人口3217人（世帯数は574）のうち元「不
可触民」とされる「指定カースト（SC）」は535人（16.6％）である［Office of
Registrar General and Census Commissioner, India 2011］。村落パンチャーヤト
における聞き取り調査及びSBSの戸別調査（2013年12月実施）によるとU村
のSCのうちマーングの1世帯を除く全世帯がマハールであり、このマーン
グの世帯が2014年に仏教に改宗したため2014年11月時点ではU村のSC全
員が仏教徒である。2012年時点でSBSのメンバーは仏教徒男性15名、その
なかで大学を卒業したのは2名である。15名のうち3名が有職者であるが、
そのうちの2名は定期的な収入が得られる仕事ではない。

　現在のU村で問題となっているのは近隣の製鉄所と発電所からの工業廃
水により飲料水が汚染されてきたことである。2012年に実施されたSBSによ
る抗議デモなどを経て現在は汚染された貯水池とは別の場所に新たな貯水池
が整備された。このような状況のなか、SBSは2013年からは飲料水プロジェ
クトを開始した（写真3）。1920年代にアンベードカルはチャウダール貯水池
を「不可触民」に開放する闘争を行ったが、このプロジェクトでは元「不可触
民」とされる仏教徒が日本の国際協力機構（JICA）の支援を受け、村を流れ
る川の水を浄化し村人へ安価（月100ルピー）で飲料水（毎日20リットル）を提
供している。2013年12月時点の顧客の内訳は、「その他の後進諸階級（OBC）」
が31世帯、SCが39世帯、「遊牧民族（NT）」、「指定部族（ST）」、「登録解除部
族（DNT）」が合わせて48世帯、バラモンが3世帯の計121世帯であり、U村
のおよそ5世帯に1世帯が参加している。このようにバラモンやOBCといっ
たヒンドゥー教徒も仏教徒から飲料水を受け取っている。2014年4月時点の
顧客数は150世帯に増加したが、運営全体でかかる費用は月3万ルピーであ
るため、毎月1万5000ルピー程度の赤字となっている。

　このプロジェクトを実施している理由についてSBSのリーダーDM（SBS
プレジデント　30代男性）は「バーバーサーヘブ（アンベードカル）が作った憲法
は、すべての人に教育を受ける権利を与え、すべての人に平等や自由を与え

第 2 章 ポスト・アンベードカルの仏教徒運動についての試論 45

写真 2　U 村の仏教寺院とアンベードカル像（2012 年 1 月 28 日、筆者撮影）

写真 3　飲料水プロジェクト（2014 年 9 月 1 日、筆者撮影）

てくれた。私たちはバラモンから差別を受けきたが、憲法では差別が禁じられている。（中略）もし憲法がなければ私たちは仕返しをするかもしれないが自分たちは憲法に従っている。仏教は差別をしろとは決して言っていない。全員が人間であるからカーストについては考えていない。憲法と仏教で自分たちの考えが変わった」と説明する。またSBSの活動家RB（農家 20代男性）は「U村では飲料水の質が悪かったため胃癌で4人が死んだ。水はすべての人のものである。仏教にある博愛の考えから仏教徒だけでなくヒンドゥー教徒やトライブにも飲料水を提供している」と語る。このようにSBSの活動家たちは「カースト・ヒンドゥーから差別を受け、水を与えられなかった」という歴史を「被差別者」として共有しつつも、「自由、平等、博愛」の重要性を説くアンベードカルの思想に従い、宗教やカーストの違いにかかわらずU村の人々へ飲料水を平等に分配している。

5　差別される仏教徒、差別する仏教徒

　SBSによる飲料水プロジェクトにおいて活動家たちは飲料水を各家に毎日配布するため、顧客の台所に水の入ったボトルを直接運び込む必要がある。この活動家たちの取り組みは宗教やカーストの違いにかかわらず多様な人々がかかわり合う場所を創り出している。飲料水を渡すためにカースト・ヒンドゥーの台所に入った際、活動家たちは自らを排除する人々と向かい合い、カースト・ヒンドゥーもまた自分たちが排除する仏教徒と対面する。活動家DMによると「自分たちが良い行いをすれば私たちに差別をしてきた人は差別が間違っていたことに気がつく。2014年の4月から飲料水を受け取る家族が150家族に増え、水を配るためのボトルが足りなくなった。それまではボトルを家に置いていたが、それ以降は飲料水を各家の容器に移すようになった。私たちはOBCのクンビーの家族に毎日水を持って行っていたが、2014年5月にボトルからその家の容器に水を移すことに変わったとき、その家族は私たちには水を移させず、後で水を自分たちで移すと言ってきた。私たちが移すと水が汚くなると考えていたからだ。だから私は『それではなぜ私たちがきれいにした水を飲むのですか』と質問し、その家族と議論した結果、

今では私たちに水を移すことを頼むようになった。だから水を移すのは私たちが行っている。まだ結婚式で食事をしないなどの差別はあるが、このようなことを通じてOBCとも徐々に関係が良くなってきた。私たちが良い仕事をすれば相手も私たちを尊敬するようになる」。活動家たちは差別をする者と顔と顔の見える二者関係を構築し、「完全には排除され得ない被差別者」として「差別の不当性」を直接訴え［佐藤 1990: 86］、自分たちを差別する側に変容を求める。この訴えを受け、排除する側であるカースト・ヒンドゥーは自らの過ちを知るようになる[2]。

　一方、活動家たちが同じプロジェクトを通じて対面的な関係を形成するのは仏教徒を排除する人々だけではない。活動家DMによると「STはSCよりも低いカーストだとされていて、実はこれまで私たちもSTをそれほど重要な存在だとは思っていなかった。（中略）私たちは暑い日にはまずSTの家に水を配るようにしてきた。暑い日は水を浄化したり保管したり配ったりしている間に水が熱くなるためだ。そうするとOBCなどからは、なぜSTには冷たい水を配り私たちには熱い水を配るのだと不満の声があがる。そのようにしている理由はSTがステンレスの壺を使っており（気化熱を利用する）素焼きの壺を持っていないため、熱い水をSTの家に持っていくと飲むことができないからだ。（中略）実際に役に立つ活動をしてみると、考えていただけではわからなかったことがわかるようになってきた。STも同じ人間として平等に接する必要がある。（中略）私は6カ月間、水を運ぶ仕事を担当し水を運ぶために直接キッチンに入っていたから、STやOBCの文化を学ぶことができた。これらの経験から他のコミュニティの文化や習慣、彼／女らの使う言葉を学ぶことができ、これらを学ぶと相手を手助けすることもできる」。

　自らのプロジェクトを通じてSBSの活動家たちの目の前には自分たちが排除してきた人々が現れる。活動家たちは自らが差別するSTとの対面的二者関係を通じて自分たちが排除される側であるだけでなく、排除する側であることを知り、自分たちが持っていた差別意識を捨てようとしている。さらに活動家たちは自分たちが差別するSTに加え、反差別運動が「差別と迷信のヒンドゥー教徒」とするOBCなどのカースト・ヒンドゥーもまた「文化や習慣、彼／女らの使う言葉」を学び「手助けする」対象として認めている。言い

換えれば、活動家たちは「自由、平等、博愛」を説くアンベードカルの思想に加え、対面的二者関係における発見を通じて他者が平等な存在であることを知るようになる。

6　自己尊厳への他者からの承認

　1956年から現在に至る60年の間、仏教徒たちはアンベードカルの著作や演説を学び、「自由、平等、博愛」と定義された仏教を復興することで公正な社会の実現を目指してきた。このような状況のなか、ポスト・アンベードカルの仏教徒運動の一つのかたちは仏教徒自身による自己尊厳の獲得のみとして説明可能なものではない。活動家WB（石油関連会社勤務 40代男性）は、「カースト・ヒンドゥーは私たちに水をくれないが、私たちはカースト・ヒンドゥーに水を配っている。ブッダは誰も憎まないように私たちに教えた。（中略）バラモンを憎めば私たち自身が悪いものになる。バラモンを憎んでバラモンに水を与えなければ、私たち自身が悪いものになってしまう。相手が私たちを憎んでいても自分たちが村のすべての人々のために良いことをすれば、人々は私たちを尊敬するようになる。この方法だけが相手を変えることができる。（中略）ヒンドゥー教の教えは『不可触民』に水や教育を与えず、土地を買えないようにしてきた。しかし今では村のOBCがヒンドゥー教の教えに誤りがあることを学び、私たちを尊敬するようになった。（中略）今では村の人々が仏教徒に『兄弟、この仕事をしてくれないか』と頼みに来ている」と語る。

　SBSの活動家たちは相手が仏教徒を憎んでいたとしても正しい行いを通じて尊敬を得ることができるとする。この運動は他者との関係性のなかで「自由、平等、博愛」を実践し、仏教徒を差別する側と仏教徒が差別する側の両者を含む他者から自己尊厳（「平等と科学の仏教徒」）への承認を得ることを目指すものである。このポスト・アンベードカルの運動において他者は否定的な存在として排除されるのでなく、自己尊厳への承認を与える不可欠な存在となる。つまり自己尊厳の獲得を否定することなく、自らを差別する側を含む他者の存在が肯定されている。本質主義に依拠する絶対的差異は宗教間だけ

でなく国民や民族など様々な集団間で設定され、暴力的対立を生み出す。これらの対立を克服する道筋の一つはそれぞれが二者関係を形成する場所を創り出し今ここに存在する平等を認めることにあるのではないか。SBSの実践は南アジアで発生してきた暴力的な民族・宗教対立の克服に向けて一つの示唆を与えてくれる。

注

1) 本研究は JSPS 科研費 24710281、26870075 の助成を受けたものです。
2) 差別の克服における対面的な二者関係の重要性については佐藤［1990］と関根［2006］を参照のこと。

参考文献

Ambedkar, B. R.

    2010 Annihilation of Caste. In *Dr. Babasaheb Ambedkar Writings and Speeches Vol.1*, pp. 21-96. Dr. Babasageb Ambedkar Source Material Publication Committee.

    2011 *The Buddha and His Dhamma: A Critical Edition*. Rathore, Aakashi Singh and Ajay Verma（eds.）. Oxford University Press.

Chatterjee, Partha

    1986 *Nationalist Thought and the Colonial World: The Derivative Discourse* ? University of Minnesota Press.

    2004 *The Politics of the Governed*. Columbia University Press.

Daniel, Valentine E.

    1996 *Charred Lullabies: Chapters in an Anthropography of Violence*. Princeton University Press.

Das, Veena

    1990 Our Work to Cry: Your Work to Listen. In *Mirrors of Violence: Communities, Riots and Survivors in South Asia*. Das, Veena（eds.）, pp. 345-398. Oxford University Press.

ガンディー, M. K.

    1994『不可触民解放の悲願』森本達雄・古瀬恒介・森本素世子訳, 明石書店。

Ghassem-Fachandi, Parvis

2012 *Pogrom in Gujarat: Hindu Nationalism and Anti-Muslim Violence in India.*
Princeton University Press.

グハ，ラーマチャンドラ

2012『インド現代史 下巻1947-2007』佐藤宏訳，明石書店。

Nagaraj, D. R.

2010 *The Flaming Feet and Other Essays: The Dalit Movement in India.* Seagull
Books.

Office of Registrar General and Census Commissioner, India

2011 Census of India.

http://www.censusindia.gov.in/（2015年9月16日アクセス）

佐藤裕

1990「三者関係としての差別」『解放社会学研究』4: 77-87。

関根康正

2006『宗教紛争と差別の人類学——現代インドで〈周辺〉を〈境界〉に読み換える』，世
界思想社。

Tambiah, Stanley J.

1996 *Leveling Crowds: Ethnonationalist Conflicts and Collective Violence in South
Asia.* University of California Press.

第3章

エンゲイジド・ブッディズムの拡がり
サルボダヤ運動と社会苦への挑戦

鈴木 晋介

1 はじめに

　世界各地で多様な展開をみせるエンゲイジド・ブッディズム。本章はインドを離れ、お隣の島国スリランカに目を転じる。取り上げる事例は、サルボダヤ運動という草の根開発運動である。

　本章の趣旨をひとことで言えば、エンゲイジド・ブッディズムというものの多様な拡がりに少し視野を広げてみよう、ということになる。とはいえ、筆者には、単なる事例の並列以上の意図がある。種々の事象のあいだに透けてみえてくるような、エンゲイジド・ブッディズムの系譜的脈絡の拡がりに視野をひらきたいのである。個々の事象を「花」とすれば、それはちょうど地下に流れる複綜した水脈のようなものであろう。本章は、そこに潜り込んでいくための覚え書きという位置づけになる。

2 サルボダヤ運動とは何か

　サルボダヤ運動 (LJSSS: Lanka Jatika Sarvodaya Shramadana Sangamaya) とは、1960年にスリランカで結成された、今日ではアジア最大級の草の根開発NGOである。同運動は、仏教の教えに根ざした開発運動（いわゆる「仏法開発」[cf. 西川・野田 2001]）を標榜してきたことから、エンゲイジド・ブッディズムの代表例のひとつとして知られている [1] [Queen and King 1996]。また日本では開発研究の分野において「内発的発展論」のモデルケースとして盛んに

取り上げられてきたものでもある（例えば［長峰 1985; 植松 1987; 鶴見 1989; 野田 2001]）。

サルボダヤ運動のはじまりは、1958年、スリランカ北部のある寒村で行われた労働奉仕活動に遡る。ホリデイ・キャンプと銘打たれたこの活動の中心人物が、当時コロンボのエリート校教師、後の運動指導者となるアハンガマ・チューダー・アリヤラトネ（Ahangama Tudar Ariyaratne）だった。新聞やラジオを通じて大々的に報道されたこの活動は国内に大きな反響を呼び起こし、アリヤラトネと有志たちによるNGO立ち上げへと結実する［cf. リヤナーゲ 1992]。運動はその後、村人の自助活動促進と村内組織化を主眼に1968年「100カ村開発計画」を実施、これを機に規模を爆発的に拡大することになる。運動参加村落数は1972年に1000村、2000年には1万村を越え、現在までに約1万5000の村落が何らかの形でサルボダヤ運動に関与している。こうした規模の拡大に平行して、運動の活動内容も小さな孤児院の運営から内戦時代の反戦運動、環境保護運動まで多角化し、組織的にもコロンボの南モラトゥワの町に構えた本部の他に国内約250の地区センターを設置、さらに国際的ネットワーク[1]も形成されて、サルボダヤ運動は文字通り巨大なNGO組織へと成長を遂げている。

本章でこの巨大組織の全貌[2]を記すことはかなわない。ここでは、サルボダヤ運動が設立当初よりずっと大切にしてきた実践をひとつ紹介しておくことにしたい。運動の正式名称にもある「シュラマダーナ」（Shramadana）というものである。シュラマダーナの「ダーナ」（dana）とは布施を意味し、これはシンハラ仏教徒の日常的宗教実践である。シュラマダーナとなると、「労働奉仕」（ニュアンスとしては「努力を差し出す、分かち合う」といったところ）の意となる。具体的には、民族、宗教、カーストの違いを超えて、一緒に鍬をもち、井戸を掘る、道をつくるといった共同作業を行う。いわば無私の実践場の創出を、サルボダヤ運動は半世紀以上に渡って継続している。

サルボダヤ運動の有名なスローガンを付記しておこう。"We build the road and the road builds us"（わたしたちは道をつくり、道はわたしたちをつくる）というものだ。シュラマダーナはこのスローガンの実践的表現ともなっている。

写真1, 2　シュラマダーナの現場
写真左は1996年に筆者が撮影したシュラマダーナの風景。写真右は、2014年、日本の大学生が参加しているシュラマダーナ。今日では世界中の若者たちがスタディーツアー等を通じてシュラマダーナを経験するようになった（写真提供：福岡女子大学・和栗百恵氏）。

3 サルボダヤ運動と仏教の教え

　話をサルボダヤ運動と仏教の教えの関係に絞ろう。「物事の順序」として、B. R. アンベードカルにとってはいわゆる「不可触民」とされた人びとの解放闘争が先にあった。それが後年、彼を仏教へと接近させていった。主著『ブッダとそのダンマ』がアンベードカルの最晩年に記されたものであることはよく知られている。同様のことがサルボダヤ運動の場合にも当てはまる。彼らにとって、農村地域の貧困[3]という現実の社会問題が先にあった。アリヤラトネはもともと仏教徒だったが、サルボダヤ運動の開発思想を仏教の教えに根ざした形で体系化していくのは、順序としては後のことだ（運動拡大とともに文章を書き重ね、それがのちに論集[4]となった）。

　物事の順序として現実の社会問題が先にある。これは時系列的な順序もそ

うだが、問題意識の順序としてもそうである。エンゲイジド・ブッディズムというものの核心のひとつに、「いま・ここにある」現実の社会問題、いわば「社会苦」に真正面から向き合うという意思が通底していることは、あらためて確認しておくべきことであろう。

具体的に、サルボダヤの開発思想に仏教の教えがどのように反映しているのか。比較的シンプルに表現された事例をひとつ取り上げよう。サルボダヤ運動における四聖諦の翻案である。

図1　四聖諦の翻案
『Sarvodaya Shramadana Movement of Sri Lanka: At A GLANCE』(1996年) を元に筆者作成。

苦諦、集諦、滅諦、道諦からなる四聖諦は、上座部仏教徒たちの間にも広く知られている教えである。サルボダヤ開発思想においては、これが次のように翻案される。「苦」(Dukka) は、「ここにさびれた村がある」という村の現状を語る言葉として説かれる。以下、「集」(Tanha) はその原因に対応づけられ、「滅」(Nirodha) はここでは希望に、そして「道」(Magga) は現状を克服するための方法へと翻案され、一連の認識が縁起の形式を模して示される。

こうした言葉が、例えばシュラマダーナ実施時に開催されることが通例となっている「パウレハムワ」(家族集会) と呼ばれる集会の場などで、運動スタッフの口で村人たちに伝達されていくことになるのである。

第3章 エンゲイジド・ブッディズムの拡がり　55

写真3　パウレハムワの風景
シュラマダーナ実施時に開かれるパウレハムワ。サルボダヤ流の仏法開発の思想の伝達に加え、参加者たちは歌や踊りで楽しむ。写真は20年前のもの。今日でもこうした風景を目にすることができる。

　もちろん、こうした翻案と上座部仏教の伝統的な教義との連続性に対する疑義はスリランカ上座部仏教研究者からも指摘されている［cf. Bond 1996: 128-129］。大雑把にいえば、開発研究分野の側がサルボダヤの発展・拡大を「仏教という土着の文化に根ざしているからであろう」と平板に捉えがちなのに対して、上座部仏教研究の側は、こうした翻案をサルボダヤによる仏教教義の再解釈ないし創造（invention）と指摘する構図がある。確かにこれは再解釈であり、創造である。だがサルボダヤ運動にとって、創造はむしろ本意というべきである。アリヤラトネは次のように述べている。「サルボダヤ運動は、変化する時代の要請に応える新たな試みと洗練された方向づけをこの（ブッダの）思想と（スリランカの）文化に付与し、再活性化させるためのささやかな企てなのである」［Ariyaratne n.d.: 54］。運動の最も知られた紹介者のひ

とりジョアンナ・メーシーが指摘するとおり、サルボダヤ運動は「開発のために宗教という資源を引き出し、その資源をさらに開発した」のである［メーシー 1984: 151］。

この創造の営為の前提にあるのが、先述した、いわばエンゲイジド・ブッディズムの意思ということになろう。サルボダヤ運動とは、仏教的認識を介して現実を見、仏教のことばで「いま・ここ」の社会問題を語り、仏教の教えに沿う方向で、現実の未来を築き上げていこうと踏み出した社会運動ということができる。彼らは、時代の要請（「いま・ここ」の要請）に応えるべく、仏教というものにその知恵と力の源泉を求めていったと捉えてもよい。

この点、繰り返しになるが、晩年のアンベードカルと同様なところがある。ただし、スリランカの場合、「仏教」というものと「社会問題」というものを繋げていこうとする動きには前史、すなわちサルボダヤ以前の歴史がある。本章で目を向けておきたいのはこちらである。というのも、その前史に遡るとき、本章で取り上げているサルボダヤ運動と、アンベードカルから佐々井秀嶺師へと連なるある種の戦いの歴史とが、結び合うような脈絡が透けてみえてくるように思うからである。キーパーソンとなる人物がいる。アナガーリカ・ダルマパーラ（Anagarika Dharmapala）である。

4　エンゲイジド・ブッディズムの脈絡
仏教復興運動とアナガーリカ・ダルマパーラ

スリランカに仏教が伝わったのは紀元前3世紀頃、日本に仏教が伝来するより800年あまりも昔のことだ。今日、東南アジアへと連なるいわゆる南方仏教圏の形成もここから始まっている。仏教学者のリチャード・ゴンブリッチは、このスリランカの長い仏教の歴史のなかでも、特に19世紀が大きな分水嶺であったと指摘している［Gombrich 1988: 172］。イギリスの植民地支配下にあった19世紀スリランカにおいて、仏教復興運動という大きなうねりが生起したのである[5]。この復興運動の中心的な人物のひとりがダルマパーラだった。

1864年富裕な家具商の家に生まれたダルマパーラは、若くしてオールコッ

ト大佐やブラヴァッキー夫人らの神智協会に傾倒し、後に戦闘的なスタイルで仏教改革に邁進していく。ダルマパーラの最も知られた事績はおそらくマハーボーディソサエティの設立（大菩提会、1890年）、そしてブッダガヤ復興の先陣を切ったことであろう。佐々井秀嶺師も著書『必生　闘う仏教』の大菩提寺管理権奪還闘争のくだりで言及しているとおりである [佐々井 2010]。

　スリランカ国内において、ダルマパーラは有髪のまま白い衣をまとい、出家者と在家者の中間という立場に自身を位置付け[6]、サンガ、在家、さらにキリスト教勢力といわば全方位的に激しい批判とアジテートを繰り返していった。この「中間」という立場をとった背景には、スリランカ上座部仏教の伝統的な出家主義（あるいは出家と在家の厳格な区分）という前提がある。端的にいえば、「主役」はサンガであって、ダルマパーラの目には一般の在家仏教徒はいわば自覚が足りない、意識が低い状態に映った。これを改革すべく、彼自身は「中間」という立場を切り拓いたとみることができる。

　ダルマパーラによる在家仏教徒への働きかけの典型は、24項目200に及ぶ在家仏教徒の生活規範『信者規律』(Gihi Vinaya) の刊行（1898年）であろう。「ヴィナヤ」とは三蔵のひとつ律蔵の「律」、ギヒは「ギヒヨー」すなわち在家であるから、これは在家仏教徒のための律である。次のような項目が立てられている。「食事のマナー」、「キンマの葉を噛むこと」、「清潔な衣服を着ること」、「トイレの使い方」、「道路を歩くときの作法」、「教団に対する在家の作法」、「葬式」、「男女在家信徒の寺での作法」「子供の親に対する作法」などである [cf. Gombrich and Obeyesekere 1988]。

　ゴンブリッチと人類学者オベイセーカラは、共著のなかで、ダルマパーラを中心として19世紀後半に復興していくスリランカの仏教を「プロテスタント仏教」(Protestant Budddhism) という精妙な術語で表現している。ここには二重の意味が込められている。第一に、仏教復興運動がイギリスの支配に対するプロテスト（反抗）として展開したという意味において。ダルマパーラは仏教を改革し復興することで、植民地勢力に対抗しようとしていった。ダルマパーラには戦闘的な民族主義者としての顔もある [cf. 杉本 2012]。第二に、プロテスタント的な、在家信徒を主体とする方向性を強く打ち出したという意味において。ゴンブリッチらは、この二点目を敷衍してプロテスタント・

ブッディストの考え方の特徴を三点挙げている。(1) 在家の生活全体に仏教が浸透しているべきであり、(2) 仏教を社会全体に浸透させるよう在家が努力すべきであり、(3) 在家も涅槃に至ることができ、また、涅槃に至るように努力すべきである、とする考え方であり、いわば在家が主役というわけである [Gombrich and Obeyesekere 1988]。

　出家に重きが置かれていたスリランカの上座部仏教において、これは大きな変化だった。この段において、仏教というものと社会問題というものが一気に接近していくことになる。すなわち、世俗社会に生きる在家仏教徒が、社会にありながらよりよき仏教徒として生きていくことに大きな価値が付与されると、その折り返しとして、よりよき仏教徒として生きていくことが、世俗の社会をよりよくしていくことへと重なっていったのである。20世紀半ばのスリランカにおいて、仏教の教えを掲げ社会改革へと踏み出したサルボダヤ運動は、いうまでもなく在家仏教徒の手になる運動体である。仏教の教えに沿って現実の未来を築いていこうとするサルボダヤ運動の方向性は、上記 (1)、(2) の考え方によって導かれている。その名称「サルボダヤ」に込められた「すべての目覚め」の意味は (3) の考え方に発している。すなわちサルボダヤ運動は、涅槃への道が現世からの離脱 (出家) ではなく、世俗内的活動への無私の没入を経る方向へと打って出たということだ。サルボダヤ運動は、スリランカにおける 19 世紀仏教復興運動の延長上に半ば必然的に生まれてきたものといってよい。運動指導者アリヤラトネ自身、1963 年に自らつくった運動パンフレットをダルマパーラに捧げ、こう記している「われわれはダルマパーラの足跡に従うのだ」と [Ariyaratne 1963]。

5　結びにかえて
エンゲイジド・ブッディズムの拡がりへ

　この本章で取り上げたスリランカのサルボダヤ運動と、アンベードカルに遡る現代インド仏教徒の解放闘争とが並べて取り上げられることは殆どない。あるとすれば、それは「エンゲイジド・ブッディズム」という大看板の下 (例えばクイーンらの論集のなか) である。だとしても、その取扱いは断絶した

浮島の如き並列であってはなるまい、というのが、筆者がこの本章で再確認しておきたいことなのである。

　前節に一文ふれた佐々井秀嶺師の大菩提寺奪還闘争。1992年に始まる佐々井師によるブッダガヤをめぐる戦いは、ダルマパーラの系譜に連なっている［cf. 佐々井 2010: 118-112］。あるいは、アンベードカルの『ブッダとそのダンマ』を紐解けば、第5部第5章に「在家信者の戒め」という章を見ることができる。在家仏教徒の生活規範をまとまった形で記すという所為は、おそらくダルマパーラに端を発している。筆者の意図は、ダルマパーラに特別な位置を与えようというのではない。サルボダヤ運動からその系譜を辿ろうとすれば、ダルマパーラへと連なる系に加え、もうひとり、マハトマ・ガンディーの存在が浮かび来る。運動名称「サルボダヤ」に込められた意味が19世紀仏教復興運動の思想に求められると述べたが、この言葉自体は、アリヤラトネがガンディーから借用したものである［cf. Kantowski 1980］。アリヤラトネ自身、ヴィノバ・バーヴェといったガンディー主義者第一世代の影響も受けている［cf. リヤナーゲ 1992］。ガンディーとアンベードカルの関係については言を俟たない。現代インド仏教徒の解放運動とスリランカの開発運動を並べたとき、複綜した思想的脈絡がその間を繋いでいるのが透けてみえてくるのではないか。

　今日、世界各地で様々なエンゲイジド・ブッディズムの取り組みが広まっている。だがその拡がりに目を向けることが、各地の取り組みを個別事象としてただ並べることであってはならないだろう。諸事象の間に、ときにオモテに、ときにウラに流れる脈絡、系譜的な脈絡をとらえる視野が欠かせないはずである。これは単に学問的関心というにとどまるものではない。エンゲイジド・ブッディズムの系譜的脈絡を考えることは、同時に、いまだ止むことのない社会苦の歴史を認識することと表裏である。なぜなら、「いま・ここにある社会苦」に向き合うという意思がそこに通底しているからである。

注

1) 近年では大学の海外体験学習プログラムとの連携も注目される。例えば福岡女子大学では、「Exploring "Development" Program」（事前学習（半期）、現場体験（3週間）、発展学習（半期）から成る1年間プログラム）の現場体験として、2011年よりシュラマダーナに参加している。サルボダヤ運動組織にも海外との窓口部署が設置されている。

2) 今日のサルボダヤ運動の取り組みや組織体系については同運動のホームページ及び毎年Web上でも公表される年次報告を参照のこと（またサルボダヤ運動のはじまり及び内発的発展論との位置付けについては［鈴木 2000; 2005］も参照されたい）。

3) 1950年代、人口の約7割が農村部に居住していたが、イギリス植民期以来発展を続ける都市部との間には所得水準からインフラ整備状況に至るまで大きな格差が存在していた。

4) 『Collected Works of A. T. Ariyaratne』としてサルボダヤ出版部門より刊行されている。日本語では『東洋の呼び声──拡がるサルボダヤ運動』の書名で一部が紹介されている。

5) この仏教復興運動の過程では多くのものが生み出されている。例えば今日スリランカでごく普通に目にすることのできる仏教日曜学校（ダハムパーサル）制度や、本ブックレットの土台となった2015年6月高野山でのシンポジウムで会場を飾った五色の仏旗もこの復興運動のなかで作り出されたものである。

6) ダルマパーラが具足戒を受けて出家するのは1933年、死の直前のことである。

参考文献

アンベードカル, B. R.
  2004『ブッダとそのダンマ』山際素男訳, 光文社新書。

アリヤラトネ, A. T.
  1990『東洋の呼び声──拡がるサルボダヤ運動』山下邦明他訳, はる書房。

Ariyaratne, A. T.
  1963 *Whence, Wherefore, Whither?* Sarvodaya Research Institute.

Ariyaratne, A. T., n.d.
  Collected Works vol.1、Sarvodaya Research Institute.

Bond, G.D.
  1996 "A.T. Ariyaratne and the Sarvodaya Shramadana Movement in Sri Lanka," Queen, C. S. & King, B. eds., *Engaged Buddhism: Buddhist Liberation Movement in Asia.* State University of New York Press.

Garfinkel, Perry

　　Buddha or Bust, Harmony Books.

Gombrich, R.

　　1988 *Theravada Buddhism: A social history from ancient Benares to modern Colombo*. Routledge & Kegan Paul.

Gombrich, R. & Obeyesekere, G.

　　1988 *Buddhism Transformed: Religious Change in Sri Lanka*. Princeton University Press.

Kantowsky, D.

　　1980, *Sarvodaya: The Other Devlopment*, Vikas Publishing House.

リヤナーゲ, G.

　　1992『アリヤラトネの道──パンの木の下からの出発』道家祐元他訳, 世論時報社。

メーシー, J.

　　1984『サルボダヤ──仏法と開発』鶴田栄作他訳, めこん。

長峯晴夫

　　1985『第三世界の地域開発──その思想と方法』, 名古屋大学出版会。

西川潤・野田真理

　　2001『仏教・開発・NGO──タイ開発僧に学ぶ共生の智慧』, 新評論。

野田真里

　　2001「サルボダヤ運動による"目覚め"と分かち合い──スリランカの仏教に根差した内発的発展」西川潤編『アジアの内発的発展』, 藤原書店。

Queen, C. S. and King, B. eds.

　　1996 *Engaged Buddhism: Buddhist Liberation Movement in Asia*. State University of New York Press.

佐々井秀嶺

　　2010『必生 闘う仏教』, 集英社新書。

杉本良男

　　2012「四海同胞から民族主義へ──アナガーリカ・ダルマパーラの流転の生涯」『国立民族学博物館研究報告』36 (3), 285-351頁。

鈴木晋介

　　2000「スリランカにおける仏法開発の生成とその背景──1950年代末『農村回帰ムーブメント』を焦点として」『東南アジア上座部仏教社会における社会動態と宗教意識に関する研究』(研究代表者：駒井洋、平成9年度〜平成11年度科学研究費補助金研究成果報告書)。

　　2005「内発的発展論とスリランカのサルボダヤ運動」高梨和紘編著『開発経済学──貧困削減から持続的発展へ』, 慶應義塾大学出版会, 279-303頁。

鶴見和子

　　1989「内発的発展論の系譜」鶴見和子・川田侃編『内発的発展論』，東京大学出版会。

植松忠博

　　1987『地球共同体の経済政策』，成文堂。

第**4**章

B. R. アンベードカル博士と佐々井秀嶺師の不可触民解放運動にみる論理と倫理

関根 康正

　私は文化人類学という学問を志して、主として南インドのタミルナードゥ州の村落や都市でこの四半世紀以上にわたって現地調査をしてきた。そこはヒンドゥー教徒が人口の8割を占める、いわゆるカースト社会と呼ばれてきた、「浄－不浄」の価値尺度による階層性をもった差別的な社会と言われる。なかでも社会の底辺を占める不可触民への差別は過酷を極めると強調されてきた。南インドのヒンドゥーの村に滞在した私自身の経験から、そのことは確かに理解できる。

　残念ながら、不可触民の名において差別してはいけないというインド憲法に書かれていることは、必ずしも現実化していない。同じ村人であっても、不可触民であるがゆえに、村の寺院の境内に入れない、カースト・ヒンドゥーの家に入れない、同じ井戸を使えない、同じ墓場は使えない、学校や寄宿舎で差別扱いを受けるなど。それでもこの3、40年ほどで住居環境の向上、公道での露骨な差別行為の減少など全く改善がなかったというわけではない。しかしながら、被差別の辛さというのは、こうした外形的なことだけを言って終えられるような生易しいものではない。その本当の辛さというのは、自分が生きていることが社会的に肯定されないというアイデンティティの剥奪にある。私が私であることが常に社会的に力のある他者から否定されるという経験のうちに悲惨の中心がある。人は誰でも、自己の生を肯定したいし肯定されたい。被差別の人々においてはその思いは現実のなかで引き裂かれ続ける。だから、差別行為というのはその相手に対する精神の拷問となる。であるから、私たちは被差別状況には倫理的に無関心ではいられない。アン

写真1　インドのタミル・ナードゥ州の調査村の元不可触民の太鼓たたきカースト
(1986年8月、筆者撮影)

ベードカルが糾弾したとおり、人間と人間の正しい関係ではないからである。私たち人間は常に立派にはいられないので、差別をしたり差別されたりして生きている。それが一時性のうちにあるときは、正常な自己肯定へと回復可能である。しかし、インドの不可触民差別や日本の部落民差別はその永続性ゆえに過酷を極めるのである。

　それでは、実際にそのような過酷な堅い差別社会はいつからインドにあったのだろうか。古代文献から不可触民概念は現れているが、社会階層としてのまとまりは紀元後であると言われ、今日のインド村落のありかたに連なる、被差別集団の村落での周辺定住はインドにおいて村落共同体が明確に生成してくる10世紀に向かってであると歴史学では言われている。そこから数世紀の中世的差別状況と17、8世紀以降の近代の被差別状況とは実は異なるものであり、両義的差別から一義的差別へと変化したとの見方が有力である。不可触民に畏怖を抱きつつ差別ないし区別していた中世までの時代から、一方的に賤視する堅い差別へと変化したというのである。一方で平等幻想も肥大していく近代においては、一方的差別は被差別者の主観としても、平等思想の上の差別であるから屈辱感も倍加し過酷さを増したに相違ない。

第4章　B.R.アンベードカル博士と佐々井秀嶺師の不可触民解放運動にみる論理と倫理　65

インドの近代とはすなわち英国による植民地時代以降である。したがって、上の意味での過酷な堅い差別構造は、18世紀から200年あまり続いた英国植民地支配の過程で創られたインド社会の新たなカースト階層化（英語のcasteで本来複雑で柔構造のvarnaとjatiを一挙にまとめ、堅い階層社会に仕上げたのである）の結果であり、今日見るような差別の歴史は実は300年足らず前に始まった非常に浅いものである。植民地支配が持ち込んだ近代国家制度とブラーマン中心主義のヒンドゥー教とのまずい形の結婚（結合）が生んだ、支配のための道具的悪弊なのである。したがってそれは変更不可能なインド社会に巣くった因習的な古代的社会様式の悪しき遺産などと固定的に考える必要は無いし、それはまったく本当ではない。であるから、まだすこし時間はかかるだろうが、絶対に再び変更・改革は可能なはずである。インド社会には紀元前のゴータマ・シッダールタや15世紀のカビールなどが顕著に証明するように、そういう平等への力学が確かにあったし、今も必ずやあるはずである。

　現実のカースト社会で私自身の実地調査を踏まえてここで述べたいことは、低カースト差別と不可触民差別は決定的に異なるということである。それは、図1に示すように、差別者と共犯者と被差別者とからなる〈三者関係の差別〉という構造的差別が現実に作動していることを理解しないと明確にならない。構造的差別とは、その構造に再生産メカニズムが組み込まれている差別の在り方を言う。社会のなかで支配される底辺の人々の間に、共犯者（「周辺化されているが、進んで包摂されて差別者と共犯関係に入る者」）と被差別者（「差別者と共犯者が作る支配共同体の存在を裏書きさせるために被差別に固定され排除された者」）とを意図的に作りだし、その二者の間で争わせて差別者は何もせずとも差別システムは永続していく。多くの社会下層の人びとも誰も進んで差別されたくないので、支配共同体の中に入ろうとして共犯者になっていく。<u>被差別者と差異化しようとするこの共犯者の中心への同化行動が支配システムを再生産し維持していく</u>。差別者のイデオロギー言語（浄―不浄・イデオロギー）によって被差別者に与えられた否定的スティグマを、共犯者は差別者の言葉にしたがって模倣復唱して自らはそうではないと踏み絵を踏んでいくのである。共犯者としての低カーストと被差別者としての元不

可触民との間の分水嶺がそこにある。そして踏み絵を踏まぬ者やスティグマを負った者が被差別者として固定され続ける。こうして絶望的な永続的差別が再生産されていく。<u>実際には永続的な被差別者などいないことは明らかなのであるが。</u>

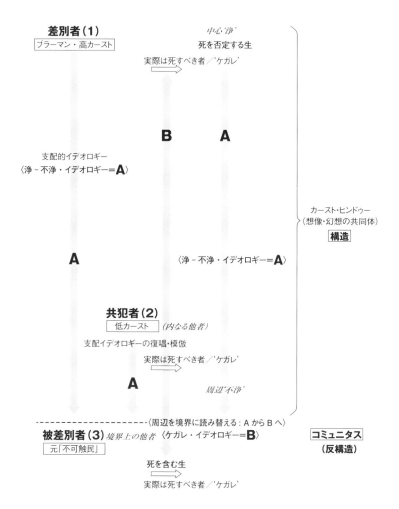

図1 三者関係の構造的差別

第4章 B.R.アンベードカル博士と佐々井秀嶺師の不可触民解放運動にみる論理と倫理 67

　植民地支配以降のインド社会にはカースト・ヒンドゥーという社会範疇ができた。これが支配共同体を構成する。そこにはブラーマンを中心にした高カーストから低カーストまでの諸カーストがヒンドゥー共同体を作っている。その共同体から排除されているのが不可触民なのである。共同体には入れないけれどもその内外の境の縁辺につなぎ止められて農業労働や様々な不浄な仕事を担わされている。そのうえで、しかも不浄なことをする人々だから不浄であるという理不尽なロジックで否定的にラベリングをされるのである。こうして社会的スティグマを負わされ続ける。私の研究で明らかになったことは、不可触民とはカースト・ヒンドゥーにとってその自分たちの共同体を裏書き的に保証するために縁辺につなぎ止めておきたい他者のことなのである（ちょうど、精神病院という社会空間の縁辺に隔離的に据え置かれる狂気の人という存在が、普通であると想いたい人々の「正常者共同体」という支配的幻想を維持生産している構図とまったく同じである）。だから、共同体を縁取ってその存在を反証的に浮き彫りにできるように、常に縁辺に固定した形でいてくれないと困る異者なのである。「絶対的」に不浄な者の存在が、「基本は浄なる存在で、相対的にしか不浄でない者たち」と思いたいカースト・ヒンドゥー共同体のフィクション（想像の共同体）にとっては必要なのである。これはすべて幻想とフィクションであるから、<u>インドに絶対的に不浄の人などいるわけもなく、そこには私たちと同じ人間がいるだけである。</u>

　ではどうしたらこの幻想に抗して、差別状況を壊せるのだろうか。構造的差別であることを知った後には、その肝が見える。その答えは、共犯者をなくすことである。それは共犯者が、差別を再生産するか否かのキャスティング・ボートを握っているということである。支配的差別イデオロギーによる異端のスティグマだけは貼られたくない、だから支配的価値に同化しておこうという「逃げの思考」が共犯者を作り続け差別構造を支え続ける。「逃げの思考」とは<u>異者を取り込む自己変容への恐怖からの異者の拒否</u>である。三者関係の構造的差別を自壊させる肝は、共犯関係に入らないことであるから、そのために、<u>異者を自分のものにする自己変容に向かう「挑む思考」に踏み出すことこそ重要である。</u>この「挑む思考」こそが、差別者をもっとも恐れさせるものである。支配価値を異化・離脱すること、それは自己が異者になる

ことであるが、それは自己の中に異者がいることを見出すことと同じである。いうなれば、新しい深い自己の発見である。以前、私はこのこと、その自己変容の深みを〈ケガレ・イデオロギー〉として取り出した［関根 1995; Sekine 2001］。その地平は、光を望む自分と闇に沈潜する自分を矛盾のなかに共在させる道をたどることだろう。これこそが既成の自己に退行することではなく、創造的な生を享受することである。それは自己不変のままの憐憫などの救済論的な上からの眼差しとは根本的に異なるものである。自身の身を社会の縁辺や底辺に沈める構え（マイナーなものになる運動的所為）が作り出す光と闇とが自己と他者を貫いて共在するなかでの創造である。そこでの「倫理（モラリティ）の核心」は、自分をマイナーなものに生成変化することにある。確かに、アンベードカルは、「カーストの殲滅」という講演原稿録のなかでカースト・ヒンドゥーの偽善的なモラリティを非難し、本当のモラリティの重要さを指摘していたのである［Ambedkar 2016］。

　ガンディーの不可触民問題への取り組みは、カースト・ヒンドゥーの人々への改心の要請であった。そこだけ表面的に見ると、改心も変容であるから、倫理の核心に至っているように見える。しかし、その道徳的改心要請には、真の自己変容をカースト・ヒンドゥーに迫り導く論理が欠如していたのである。だから、その運動の結果は失敗だった。その論理のおかしさの原因は、簡略に言えば、ブラーマン中心主義的なダルマとヴァルナを手放さないことにあった。中心化のイデオロギーつまり支配イデオロギーをその根本で変更せずに、そのイデオロギーに則って起こっている差別を除去できるわけがない。ヴァルナでカースト・ヒンドゥーの立場は保証され、しかもダルマで肯定されている（差別行為でもダルマの規定であるという言い訳で責任追求は免除される）から、つまりメジャーな自分を基本のところで変えなくていいのであるから、ガンディーの運動での改心は最もよく働いて人助けの救済なのである。つまり他人事である状態から抜け出せない。既成の自分を作ってきたイデオロギーを脱しないかぎり、人はそのイデオロギーの犠牲者であるマイナーな被差別者を受け止めることができるような新たな自己は生成しようがない。

　このように論理的に考えて、その論理が倫理の核心をまったく外している

のであるから、差別構造解消など起こるはずもない。留保策のような救済的政策には影響を与えるかもしれないが、構造的差別は温存されていく（留保策はそのためのカースト明示によって逆説的に構造的差別を強化もしてきた）。その自らの運動の失敗を嘆いて、晩年のガンディーが「皆、不可触民になるしかない」と言ったところで、自らの論理と倫理の浅さを露呈しているに過ぎない。ガンディー自身が個人的に不可触民といくら交わってみせても、メジャーなイデオロギーを否定しないという論理の矛盾がある限り問題は何も解消しない。むしろ支配イデオロギーにとっては生き延びる時間稼ぎになってしまう。

　アンベードカルはどうしただろうか。それはヴァルナの完全否定とダンマの探究だった。それがアンベードカルの論理と倫理を作った。その意図は、ヒンドゥー・イデオロギーの外部に、人間が自分を肯定して生きられる希望の空間を確保することであった。そして、その実践論理が倫理の核心までに至ったからこそ、マイナーなものになりつづけるという不断の自己変容という創造的人生を被差別の人々ともに生きぬく、まさに「挑む」決意をしたのであった。マイナーなものになるとは劣った者が有する平等な世界性のことであり、社会人類学者ヴィクター・ターナーは自然的なコミュニタス（反構造）と言った。そこは具体的で個人的で直接的なやりとりが生み出す平等で全人的な共同性の世界である。こうしたしっかりした人間の「活動」（H.アーレントの説く意味での）や自己保存的な共同体を乗り越える〈社会的なもの〉への省察がなければ、ヒンドゥー教イデオロギーが支配する「構造」をひっくり返して、不可触民を仏教徒に改宗するという未踏の大事業を誰が企画実行できただろう。その大事業は、不可触民の苦悩の打破だけでなく、それと同時にカースト・ヒンドゥーをも狭隘な世界から救い出す。論理としては不可触民にもカースト・ヒンドゥーにも平等に「自己否定の上の自己創造」を求めるものであり、それによって不可触民の自己尊厳の回復という希望の実現を目指したものであるし、実は抑圧されているカースト・ヒンドゥーにも異者を取り込む自己変容という「挑む思考」の生み出す創造的人生の素晴らしさを味わってもらうものである。コミュニタス（反構造）の希望の世界を社会全体において創出しようとしたのである。しかし、コミュニタスは一時性に終

わる性質があるので、継続するには自己変容の持続的努力が求められる。その意味で、アンベードカルの意志を実質的に引き継ぐことになった、佐々井師率いる半世紀に及ぶ仏教改宗運動は、その持続的努力の継承実践となっている。佐々井師は、12世紀イタリアの清貧の聖者アッシジのフランチェスコに比する生涯を歩んでいる。そこに現地の多くのフォロアーが集結して運動が展開されてきた。

　インドでは多くの不可触民エリートが不可触民を裏切ってきた姿を見てきた。それが支配イデオロギーというものの誘惑と恐さなのである。その権力と甘美な光を望んでしまった不可触民エリートの気持ちは、他人事でもないし、わからないことでもないが、その点でアンベードカルという人物の傑出性はエリートの頂点を極めてなお自らを生み出した社会の底辺という闇の深みに沈み込むことを、その根本において忘れずに生ききったことにある。それは支配イデオロギーそのものの解体に向けて、逃げることなく挑み続けた自己変容の生であった。挑むとは、抽象性と一般性を捨てて、具体的、個別的、直接的な人間関係にコミットメントすることである。アンベードカルの眼にどんな光と闇あるいは生死の風景が映っていたのか、私のごとき凡人には真にわかるはずもない。しかし、世界には不思議が確かに存在している。その不思議が事実起こった。アンベードカルの高邁な意志がわかる、マイナーな場所で具体性を生きる人物が現れた。堅い構造化した仏教界に反旗を翻すコミュニタスの聖者佐々井秀嶺師がインドのど真ん中、ナーガアルジュナ（龍樹）とアンベードカルのトポス、ナーグプルに現れたのだった。それは偶然と必然を一つにする奇蹟の連鎖の結果である。

　私の拙い研究から、アンベードカルと佐々井師の渾身の生き様を安易に語ることなどできないし、畏れ多いことである。しかし、このような機会に、あえて蛮勇をもって言い切ると、こうである。アンベードカルと佐々井師の率いる元「不可触民」の仏教改宗運動の実践は、私の言う構造的差別を突き崩すための「倫理の核心」を、それぞれの身体を張った長い実践的な研究のなかで明確につかみだした、まったく希有で創造的な営為であり、明晰な論理と深い倫理（これが、アンベードカルの言うモラリティに相違ないだろう）に支えられた誠に信頼できるものであると、これまでの私の研究成果からは

はっきりと確信できる。そうであるから、非力であっても、研究と実践の交差が可能であるとのメッセージを世に少しでも伝えてみたいのである。

　最後になったが、高野山大学での「アンベードカル博士銅像建立奉賛『佐々井秀嶺高野山講演』」のシンポジウムの際に、偉大なる佐々井師と同じ場同じ時を共有させていただいたことを感謝しつつ、この幸運を今後の私自身の研究と実践の起点にしたい。

参考文献

Ambedkar, B. R.
　　2016 *Annihilation of Caste: The Annotated Critical Edition*. Verso Books.
関根康正
　　1995 『ケガレの人類学──南インド・ハリジャンの生活世界』, 東京大学出版会.
Sekine, Yasumasa
　　2011 *Pollution, Untouchability and Harijans: A south Indian Ethnography*. Rawat Publications.

写真2　ナーグプル市のインドーラ寺の勤行 (2014年3月、筆者撮影)

写真 3　仏教徒の居住区から、隣接するヒンドゥー教徒の居住区を望む（2014 年 3 月、筆者撮影）

写真 4　アンベードカル博士と佐々井秀嶺師の垂れ幕の前での大改宗式（2015 年 10 月、筆者撮影）

写真5 グループごとに行われる大改宗式の一幕（2015年10月、筆者撮影）

写真6 佐々井師が建立したインドーラ寺
右手にアンベードカル像が見える（2014年3月、筆者撮影）

写真 7　インドーラ寺の佐々井師の居室には、悩み相談の人の列が絶えない（2014年3月、筆者撮影）

写真 8　佐々井師の受けた龍樹大菩薩からの御啓示が記されている（2014年3月、筆者撮影）

写真9 マンセル遺跡の近くに建つ龍樹菩薩大寺（2014年3月、筆者撮影）

写真10 マンセル遺跡の近くに建つ龍樹菩薩大寺（2014年3月、筆者撮影）

写真11　世界仏教会議の行われるディークシャーブーミ（改宗広場）へ入る仏教徒
(2015年10月、筆者撮影)

写真12　世界仏教会議の行われるディークシャーブーミ（改宗広場）を埋め尽くす仏教徒
(2015年10月、筆者撮影)

第4章　B.R.アンベードカル博士と佐々井秀嶺師の不可触民解放運動にみる論理と倫理　77

写真13　改宗広場での世界仏教会議での佐々井秀嶺師の挨拶（2015年10月、筆者撮影）

写真14　大改宗式に糾合した仏教徒は同志たちの熱気に包まれた道路で休む
（2015年10月、筆者撮影）

あ と が き

仏教学と人類学の出会いと協働

志賀 浄邦

　私が初めてナーグプルを訪れたのは、2008年の8月のことであった。当時は佐々井秀嶺師とまったく面識がなかったため、事前連絡もアポイントメントもないまま、佐々井師がおられると聞いていたインドーラ寺を訪ねた。佐々井師は多忙につき不在であることもよくあり、面会が叶わない訪問客も多いとのことであったが、偶然か必然か、到着直後に佐々井師との邂逅を果たすことができた。そのときに感じた、緊張感と喜びと畏れ多さが入り混じった気持ちは今でも忘れることができない。ちょうどそのときは、本書の共同執筆者の一人である根本達さんが佐々井師にコンピューターの操作方法やインターネットの利用方法を教えている最中であった。根本さんは当時現地調査のため、インドーラ寺のゲストハウスに滞在されていた。その際根本さんには、ナーグプルの仏教徒の現状を教えていただいたほか、現地での滞在に関わる様々な面で大変お世話になったが、最も印象に残っていることは、根本さんの紹介でインドーラ寺周辺の仏教徒宅数軒を訪問したことである。現地の仏教徒の方にお会いすると、彼らは例外なく異邦人である私を快く迎え入れてくれた。飲料水やチャイのほか、ときには食事を提供して下さることもあり、心が温まる思いをしたことを鮮明に覚えている。仏教徒の家々は必ずしも裕福であるようには見えなかったが、清潔に保たれており、慎ましいながらも落ち着きのある生活を送っていることが見て取れた。各家庭には必ず家のどこかに、ブッダとアンベードカルの肖像画あるいは像が飾られていた。仏教に対する信仰が、確かに彼らの日常に根づき息づいていることがわかった。

仏教徒のホスピタリティーにはしばしば感銘を受けたが、その度ごとに六波羅蜜の一つにも数えられる「ダーナ」のことを思い出した。「ダーナ」とは、他者に「施すこと」「与えること」の意であり、「布施」という仏教用語の原語である。「布施」という場合、「あまねく、広く施す」というニュアンスが加わるようである。また「ダーナ」とは、本来貧富の差に関係なく、また見返りを期待せずに他者に何かを施すことを意味する。他者に何かを施すというと私たちはどうしても裕福な者・豊かな者が、貧しい者・困っている者に同情心から余剰物を与えるという図式を思い描いてしまうが、経済的に「貧しい」と言われる者が「豊か」であると言われる者に何らかの「施し」をなすことも十分にありうる。本来「ダーナ」はどのような境遇にある人にとっても実践可能な徳目なのである。インド仏教徒から受けたホスピタリティーや提供いただいた飲み物や食べ物は、いずれもシンプルでありながら心のこもったもので、筆者には本当の意味での「ダーナ」のように感じられた。

　インド仏教徒が祈る姿もまた印象深く記憶している。インドーラ寺では朝と夕方の6時頃から勤行が行われるが、前方にブッダの立像を祀った石造りのホールの中で経文を唱える人々の声がこだまする。また堂内ではブッダが説いた言葉に最も近いと言われる『スッタニパータ』の1節も含むパーリ経典などが唱和され、神聖で厳かな空気が漂う。日々の勤行への参加者はどちらかというと女性の方が多く、広いホール内は毎回色とりどりのサリー姿の女性で埋め尽くされる。ナーグプルを訪れ、インド仏教徒とふれ合い、様々な仏教行事に参加すると、私たちの五感は眼前に現れる様々な色彩、音声、匂い、味、感触などによって刺激される。また、彼らが大切にしているブッダとアンベードカルの〈ダンマ（法）〉は直接的・間接的に私たちの心に何かを問いかけてくる。ナーグプルという場所は、ある意味でそこを訪れる者の生身の身体をも巻き込む、気づきと体験の場であると言えるかもしれない。

　私がナーグプルへ行き、現代インド仏教の現況について知りたいと思った理由は、一言で言えば、今現在自分が行っていること、あるいはこれから行おうとしていることにある種の「欠落感」を覚えていたからである。私は仏教学を専門としており、主たる研究活動は、5〜10世紀頃に書かれたインド論理学・認識論関係の文献を読解し、各種テキストを校訂・翻訳することで

ある。仏教はインドにおいて徐々に衰退し、13世紀初頭にはインドの地から姿を消したと言われているため、それ以降の時代の仏教文献は事実上存在しない。従って、古典的な文献を扱うという観点からすれば、中世以降のインド仏教は研究対象にならないことになる。また一般的に、文献を通して仏教哲学や認識論・論理学を研究しようとする場合、どうしても抽象的・観念的な事柄について語ることが多くなってしまう。文献学は原則的にテキストとして書かれていることを証拠として積み上げていくため、客観的で実証的な研究を行うことができるというメリットがあるものの、細部に拘泥する余り重箱の隅をつつくような研究に陥ってしまう危険性も秘めている。すなわち、仏教文献学はそのルールが厳密で方法論が完全に確立されているため、仏教の「理論的要素」を一定程度精緻化していくことが可能となるが、その過程のなかである種の「実践的要素」が失われることもありうるのである。また私は浄土真宗の寺院の出身であるため、幼少時より念仏や読経、葬式や法事、墓など、仏教に関わるものには日常的に接してきたが、仏教学を学び始めてからは、それらの多くが「葬式仏教」とも揶揄される日本の宗派仏教を構成する要素でもあることがわかってきた。私の「欠落感」は、無意識に「生きている仏教」を求めていたことに起因していたようである。それは、「現在進行形の仏教」「血の通った仏教」「アクチュアルな仏教」と言い換えてもよい。ナーグプルを訪れ、現代インド仏教徒が彼ら独自の仕方で仏教を信仰・実践し、社会の不条理や差別と闘っている姿を見てはたと思い当たった、これが私の求めていたものである、と。

　私にとっては、根本さんとの出会いがすなわち文化人類学という学問との出会いでもあった。文化人類学といえばクロード・レヴィ゠ストロースが真先に思い浮かんだが、人類学の分野にはその他多くの著名な研究者が存在していることも知った。根本さんから送っていただいた博士論文やその他の論文を拝読し、文化人類学という学問的方法論によって仏教を研究対象とした場合、どのようなアプローチの仕方をすればよいかがわかった。根本さんはフィールドワークを通じて様々な立場・職業・立場にいるインド仏教徒からインタビューを取り、それらを的確に丹念に分析されていた。根本さんの一連の論考は、まずは現地で起こっていることを正確に観察し記述すること、

参与観察による場合、観察者自身の存在がインタビュイーとの関係に少なからぬ影響を与える可能性があることなども十分に配慮したものであった。

　人類学の分野では、あるいは私の思い違いかもしれないが、ある事象を観察したり記述・表現したりする際の観点や方法のみならず、考察を行う際の理論も自分で設定あるいは考案しなければならないという印象を受けた。またその場合方法論には比較的自由度があり、それは研究者の見識や裁量によるところが大きいとも感じた。一方、仏教学（文献学）の場合は、すでに存在するテキストを読み、校訂し、翻訳することができれば、その後は他のテキストとの関係等を考慮しつつ、文献学的な手続きを踏みながら原則的には「書かれていること」をエビデンスとして考察や論証を行えばよい。もちろん研究者のオリジナリティーは必要とされるが、ある意味で方法論が確立された学問であるといえる。以上のように、方法論において両者には大きな相違がある。

　それでは、両学問分野に何らかの共通点はないのだろうか。両者に共通して必要とされるものを敢えて一つだけ挙げるとすれば「微弱なシグナルや声に耳を澄ませ、それを虚心に読み取ろうとする対話の姿勢」なのではないかと考える。仏教学において対象となるテキストを読もうとする際、必ず直面するのが、どこまで読む側の判断でオリジナルのテキストを修正してもよいかという問題である。合理的・整合的に理解しようとする「エゴ」を一旦括弧で括って、作者の意図がどのようなものであったかを推測しなければならない。その際、最終的に判断根拠となるのは、何らかの明示的なサインよりも、目を凝らしたり注意深く読み直したりすることによってようやくキャッチできる微弱なサインである場合が多い。一方、文化人類学におけるフィールドワークもまた、現実に生きている人々からの聞き取り調査や現に起こっている事象の観察など、他者との「対話」の要素をふんだんに含んでいる以上、観察する側には、声にならない声や微弱なシグナル、背景に潜んでいるものを感知しようとする態度が必要とされるのではないだろうか。

　「対話」は学問の場でも不可欠なものである。「B. R. アンベードカル及びエンゲイジド・ブッディズム研究会（通称：BRA研）」の立ち上げ後、数回の研究会に参加することを通して、領域横断的な研究を行う場合の「対話」の重

要性を再認識した。他分野の研究者が協働して研究する場合、まず第一に相手方の研究領域を理解し、相手方の立場に立ってものを考えることが必須となる。BRA研の現メンバーの関根先生、根本さん、鈴木さんは、人類学に関して門外漢の私の話を熱心に聞いてくれて、的確なコメントを返してくれた。数回のセッションを通して、情理を尽くして話せば必ずこちらの意図は伝わるということを実感した。また、この異分野間「対話」は予期せぬ作用ももたらしてくれた。第一線で活躍しているフィールドワーカーたちの語りに耳を傾けているうちに、それまで停滞していたものに風穴が開いて風通しがよくなり、視界が開けていく感覚を幾度となく体験したのである。

　アンベードカルという人物の生涯とその功績、また佐々井秀嶺師をはじめとするアンベードカルの遺志を受け継いだ人々によって担われている現代インド仏教のダイナミズムを総合的に正確に深く読み解くためには、仏教学の知見・方法論だけでも、人類学の知見・方法論だけでも十分ではないような気がしている。アンベードカルの活動分野を鑑みれば、もちろん政治学、経済学、教育学、社会学などの知見も必要とされるであろうが、まずは仏教学と人類学の二つの学問分野の知見と方法論が交錯する現場に立ち、そこで織りなされるせめぎ合いを見つめ、それを表現していきたい。本書の存在は、文化人類学と仏教学との間で、豊かで深い対話と協働が成り立ちうることを示している。

執筆者の関連研究業績一覧

関根 康正 *Yasumasa Sekine*

著書・論文等

Sekine, Y., and Ymakoshi, H., 2015, "Street Art/ Graffiti in Tokyo and surrounding districts," in Jeffrey Ian Ross ed. *Routledge Handbook of Graffiti and Street Art*, London:Routledge.

関根康正, 2014,「ストリート」『世界民族百科事典』pp.246-247, 丸善出版.

関根康正, 2013,「放射能汚染社会におけるストリート人類学」『民博通信』No. 142, pp. 14-15.

SEKINE Yasumasa, 2012, "Transnationality, Hope and 'Recombinant Locality': Knowledge as Capital and Resource" *South Asia Research* 32（1）, pp.1-20.

関根康正, 2012,「発想法（KJ法）と人類学的フィールドワーク」『悠然の探検—フィールドサイエンスの思潮と可能性』（川喜田二郎記念編集委員会編）清水弘文堂書房.

関根康正, 2012,「ストリートの人類学の第2ラウンド」『民博通信』136号.

SEKINE Yasumasa, 2011, *POLLUTION, UNTOUCHABILITY AND HARIJANS：A South Indian Ethnography*, 362 pages+index, Jaipur: Rawat Publications.

関根康正, 2011,『トランスナショナリズムと「ストリート」現象の人類学的研究』（科学研究費補助金研究成果報告書・補完論文集：基盤研究（A）2006 ～ 2009 年度）日本女子大学.

SEKINE Yasumasa & Monika Salzbrunn, 2011, *From Community to Commonality: Multiple Belonging and Street Phenomena in the era of Reflexive modernization*, Center for Glocal Studies, Seijo University.

関根康正, 2010,「表象の共同体から表現の共同性へ——〈三者関係の差別〉下において、二者関係を生きる作法」小田亮編『グローカリゼーションと共同性』（グローカル研究叢書1）東京：成城大学民俗学研究所グローカル研究センター.

関根康正・新谷尚紀（共編）, 2007,『排除する社会・受容する社会——現代ケガレ論』p. 252, 吉川弘文館.

関根康正, 2006,「『切断する改宗』・『接続する改宗』——現代ヒンドゥー・ナショナリストの『改宗』の再発明を超えて」『2003 ～ 2005 年度科学研究費補助金（基盤研究（B）(1)）：「布教」と「改宗」の比較宗教学的研究——モダニティ・宗教・コロニアリズム（代表関一敏）成果報告書』九州大学.

関根康正, 2006,『宗教紛争と差別の人類学』p. 355, 世界思想社.

関根康正, 2004,「ケガレと差別」末木文美士編『岩波講座宗教第8巻・暴力』pp. 25-56, 岩波書店.

講演・口頭発表等

関根康正, 2015, 招待講演「アンベードカル博士と現代インドの仏教徒」アンベードカル博士銅像建立奉賛『佐々井秀嶺高野山講演会』第2部（高野山大学）.

関根康正, 2015, 招待講演「文化人類学の想像力」日本文化人類学会 研究成果公開発表シンポジウム『人類学的想像力の効用』（金沢市しいのき迎賓館3階セミナールームB）.

関根康正, 2015, 招待講演「川喜田二郎の人類学的知の開放と社会改革の実践：パーティ学、KJ法、移動大学、海外協力の哲学」日本文化人類学会・課題別研究会『応答の人類学』第21回研究会（京都大学 稲盛財団記念館小会議室I）.

関根康正, 2014, 発表「不可触民解放運動とカーストについて」基盤研究（B）「経済自由化後の南インド社会の構造変動に関する総合的研究」（代表：杉本良男）研究会（新潟国際大学）.

関根康正, 2014, 発表「パースの記号学でみる再帰的空間としての移民寺院・歩道寺院」基盤研究（A）「『再帰的』思考と実践の多様性に関する人類学的研究」（代表：大杉高司）科研研究会（一橋大学）.

関根康正, 2013, 招待講演「殲滅されるべきは何なのか、カーストか、ジャーティか、ヴァルナか、あるいは不可触性か？（「不可触民」はヒンドゥー・カースト階層社会の単に最下層にいるわけではないことについて）『KINDASセミナー／南アジア・インド洋世界研究会』主催：南アジア・インド洋世界研究会、KINDAS院生部会（京都大学吉田本部構内総合研究2号館4階AA401号室）.

関根康正, 2013, 発表「〈地と柄〉論再論――『夜の夜』という視点が拓く世界」岩田慶治先生追悼シンポジウム『草木虫魚と向きあう』（国立民族学博物館）.

SEKINE Yasumasa, 2012 発表 'The Challenge of Street Anthropology' in IUAES Inter-Congress & 日本文化人類学会第49回研究大会 (Makuhari).

関根康正, 2011, 招待講演「〈ストリートの人類学〉の発端と行方：ケガレから都市の歩道へ」京都人類学研究会7月季節例会（京都大学本部構内 百周年時計台記念館国際交流ホールIII）.

SEKINE Yasumasa, 2011, 招待講演 "What is to be annihilated; Caste, Jati, Varna and/or Untouchability: Untouchables are not simply the lowest status of a Hindu caste hierarchy" in Seminar on "Annihilation of Caste" (INDIAN INSTITUTE OF ADVANCED STUDY, RASHTRAPATI NIVAS, SHIMLA, India).

根本 達　*Tatsushi Nemoto*

著書・論文等

NEMOTO Tatsushi, 2014, "Creating a New Meaning for Buddhist Rituals: Two Forms of Religion and Conversion among Contemporary Indian Buddhists in Nagpur City," in Heung Wah Wong and Keiji Maegawa (eds.), *Revisiting Colonial and Post-Colonial*, pp.125-152. Bridge21 Publications.

根本達, 2013,「『繋ぐ者』の連帯と開かれた交渉の場——現代インドを生きる仏教徒たちの改宗運動と生活世界」『文化人類学』78-3, pp.345-366.

根本達, 2012,「一義化と両義性から考える仏教徒たちの歴史と視点——現代インドにおける改宗運動とマルバット供儀」前川啓治編『カルチュラル・インターフェースの人類学』pp. 64-83, 新曜社.

根本達, 2010,「インド　現代の仏教徒たちと『不可触民』解放運動」木村文輝編『挑戦する仏教——アジア各国の歴史といま』pp. 49-64, 法蔵館.

根本達, 2010,「『不可触民』解放運動とともに生きる仏教徒たちの民族誌」(筑波大学人文社会科学研究科提出博士論文)、全355頁.

講演・口頭発表等

根本達, 2015, 招待講演「アンベードカル博士と現代インドの仏教徒」アンベードカル博士銅像建立奉賛『佐々井秀嶺高野山講演会』第2部 (高野山大学).

根本達, 2015, 発表「如何に当事者となり得るのか？——現代インドで反差別運動に取り組む仏教僧佐々井秀嶺の神話的思考ついて」日本南アジア学会第28回全国大会 (東京大学).

根本達, 2014, 発表「反差別と脱差別、今ここに存在する平等——現代インドのナーグプル市と近郊農村における仏教徒と仏教への改宗運動について」日本南アジア学会第27回全国大会 (大東文化大学).

根本達, 2011, 発表「仏教への改宗運動とカースト——一義化する世界の中に表出する両義性から思考する」第44回南アジア研究集会 (愛知県西尾市丸十旅館).

根本達, 2010, 発表「佐々井秀嶺の思想と実践から立ち上がる生き方——インドのマハーラーシュトラ州ナーグプル市において『不可触民』解放運動に取り組む仏教徒たちと生きる日本人仏教僧」日本文化人類学会第44回研究大会 (立教大学).

根本達, 2006, 発表「『嘘つきおじさん』の葬式——インドのナーグプル市において『不可触民』解放運動と共に生きる仏教徒たち」日本文化人類学会第40回研究大会 (東京大学).

志賀 浄邦　*Kiyokuni Shiga*

著書・論文等

志賀浄邦, 2016,「台湾仏教・慈済会による慈善活動とその思想的基盤——菩薩行としての
　　ボランティア活動と『人間仏教』の系譜」,『京都産業大学日本文化研究所紀要』第
　　21号, pp.（48）-（103）.

志賀浄邦, 2015,「仏教における存在と時間——三世実有論をめぐる諸問題を再考する」『イ
　　ンド哲学仏教学研究』第22号（特別号「インド哲学諸派の〈存在〉をめぐる議論の
　　解明」）, pp. 151-174.

志賀浄邦, 2014,「ジャイナ教徒による刹那滅論批判」奥田聖應先生頌寿記念論集刊行会編
　　『奥田聖應先生頌寿記念インド学仏教学論集』pp. 425-437.

SHIGA Kiyokuni, 2014, "Arcaṭa's Views introduced in Jaina treatises,"『印度学佛教学研
　　究』第62巻第3号, pp. 1272-1279［（208）-（215）］.

SHIGA Kiyokuni, 2013, "Conflicts and Interactions between Jaina Logicians and Arcaṭa,"
　　『ジャイナ教研究』第19号, pp. 19-68.

志賀浄邦, 2012,「仏教と社会変革——妹尾義郎・B. R. アンベードカル・佐々井秀嶺の思想
　　と実践」『京都産業大学日本文化研究所紀要』第17号, pp.（176）-（228）.

志賀浄邦, 2012,「第9章 仏教文化圏の現在」木村雅昭・中谷真憲編『覇権以後の世界秩序—
　　—海図なき時代と日本の明日』pp. 181-189, ミネルヴァ書房.

SHIGA Kiyokuni, 2011, "Remarks on the Origin of All-Inclusive Pervasion," *Journal of
　　Indian Philosophy*（Special issue on 14th World Sanskrit Conference）第39巻,
　　pp. 521-534.

SHIGA Kiyokuni, 2011, "*antarvyāpti* and *bahirvyāpti* re-examined," H. Krasser, H. Lasic, E.
　　Franco, B. Kellner（eds.）, *Religion and Logic in Buddhist Philosophical
　　Analysis, Proceedings of the Fourth International Dharmakīrti Conference,
　　Vienna, August 23-27*, Wien 2005, pp. 423-435.

志賀浄邦, 2010,「インド仏教復興運動の軌跡とその現況」『京都産業大学世界問題研究所紀
　　要』第25巻, pp. 23-46.

志賀浄邦, 2010,「用語解説」佐々井秀嶺『必生 闘う仏教』pp. 178-189, 集英社新書.

講演・口頭発表等

志賀浄邦, 2015, 招待講演「『宗教大国』インド——現代インドにおける仏教ルネサンス」『京
　　都産業大学むすびわざ講座 公開コース』（京都産業大学・むすびわざ館）.

志賀浄邦, 2015, 招待講演「インドにおける仏教ルネサンス運動——アンベードカル博士か

ら佐々井秀嶺師へ」『西本願寺 日曜講演』(西本願寺・聞法会館).

志賀浄邦, 2015, 招待講演「アンベードカル博士と現代インドの仏教徒」アンベードカル博士銅像建立奉賛『佐々井秀嶺高野山講演会』第2部(高野山大学).

志賀浄邦, 2013, 招待講演「浄土真宗は『エンゲイジド・ブッディズム(社会参加仏教)』たりうるか?──インド・台湾の事例から考える」,『西本願寺 日曜講演』(西本願寺・聞法会館).

鈴木 晋介 *Shinsuke Suzuki*

著書・論文等

鈴木晋介, 2015,「スリランカにおける村の政党政治とその変化──内在的文脈の理解に向けて」『現代インド研究』第5号, pp. 35-58.

鈴木晋介, 2014,「宝石と分業」『世界民族百科事典』pp. 410-411, 丸善出版.

鈴木晋介, 2013,『つながりのジャーティヤ──スリランカの民族とカースト』法蔵館.

鈴木晋介, 2013,『スリランカを知るための58章』杉本良男・高桑史子・鈴木晋介共編, 明石書店.

鈴木晋介, 2013,「結婚が創ったカースト──スリランカのエステート・タミルと『閉じないまとまり』」山口覚・中川加奈子・鈴木晋介・林梅・川端浩平『フィールドは問う──越境するアジア』, 関西学院大学出版会.

鈴木晋介, 2011,「スリランカにおけるエステート・タミルのアイデンティティと『ジャーティヤ』をめぐる人類学的研究」(総合研究大学院大学文化科学研究科提出博士論文), 全237頁.

鈴木晋介, 2009,「青果物卸売市場の『いま』と『あの頃』──新潟県長岡市の地方卸売市場における『場所性』の変容を焦点として」関根康正編『ストリートの人類学 下巻』(国立民族学博物館調査報告 No. 81) pp. 185-212.

鈴木晋介, 2006,「聖なる泉のほとり──スリランカ・エステートにおける女神崇拝の変容」『宗教を生きる東南アジア』pp. 154-168, 勉誠出版.

鈴木晋介, 2005,「内発的発展論とスリランカのサルボダヤ運動」高梨和紘編著『開発経済学──貧困削減から持続的発展へ』pp. 279-303, 慶應義塾大学出版会.

鈴木晋介, 2000,「スリランカにおける仏法開発の生成とその背景──1950年代末『農村回帰ムーブメント』を焦点として」,『東南アジア上座部仏教社会における社会動態と宗教意識に関する研究』駒井洋編, 科研費成果報告書.

鈴木晋介, 1999,「スリランカ・サルボダヤ運動における『開発』と『伝統』──現場から『開発の時代』を捉え直すための予備的考察」『族』30号, pp. 50-72.

講演・口頭発表等

鈴木晋介, 2015, 招待講演「アンベードカル博士と現代インドの仏教徒」アンベードカル博
　　　士銅像建立奉賛『佐々井秀嶺高野山講演会』第2部（高野山大学）．

SUZUKI Shinsuke, 2014, "Roadside Buddhas: 'Practicing Connection' against
　　　Fragmentation in Contemporary Sri Lanka" in IUAES Inter-Congress & 日本文
　　　化人類学会第49回研究大会（Makuhari）．

鈴木晋介, 2013, 「数の解読——つながりのフィールドを拓く」岩田慶治先生追悼シンポジ
　　　ウム『草木虫魚と向きあう』（国立民族学博物館）．

鈴木晋介, 2013, 「スリランカにおける『ひとの種類』の実践的編成——ジャーティヤ概念を
　　　生活の場に差し戻すこと」日本文化人類学会第47回研究大会（慶應義塾大学）．

執筆者一覧 (執筆順)

関根 康正 (せきね　やすまさ) **序章1節・第4章**
関西学院大学社会学部教授。
専門は社会人類学、南アジア地域研究。
著書に『スリランカの祭』(工作舎 1982 年)、Theories of Pollution.(ILCAA 1989)、『ケガレの人類学』(東京大学出版会 1995 年)、『〈都市的なるもの〉の現在』(編著 東京大学出版会 2004 年)、『宗教紛争と差別の人類学』(世界思想社 2006 年)、『排除する社会・受容する社会』(編著 吉川弘文館 2007 年)、『ストリートの人類学 上巻、下巻』(編著 国立民族学博物館 2009 年)、Pollution, Untouchability and Harijans (Rawat Publications 2011)、From Community to Commonality (Seijo University 2011)、『フィールドワーカーズ・ハンドブック』(世界思想社 2011 年) など。

根本 達 (ねもと　たつし) **序章2節・序章3節・第2章**
筑波大学人文社会系助教。
専門は文化人類学、南アジア地域研究。
論文に「『繋ぐ者』の連帯と開かれた交渉の場——現代インドを生きる仏教徒たちの改宗運動と生活世界」(『文化人類学』78-3, 2013 年)、著書に『カルチュラル・インターフェースの人類学』(共著 新曜社 2012 年)、Revisiting Colonial and Post-Colonial (共著 Bridge21 Publications 2014 年) など。

志賀 浄邦 (しが　きよくに) **第1章・あとがき**
京都産業大学文化学部准教授。
専門は仏教学、インド思想、エンゲイジド・ブッディズム。
著書に『覇権以後の世界秩序——海図なき時代と日本の明日』(共著ミネルヴァ書房 2012 年)、論文に「台湾仏教・慈済会による慈善活動とその思想的基盤——菩薩行としてのボランティア活動と『人間仏教』の系譜」(京都産業大学日本文化研究所紀要 16, 2016 年)、Conflicts and Interactions between Jaina Logicians and Arcata (ジャイナ教研究 19, 2013 年)、「仏教と社会変革——妹尾義郎・B. R. アンベードカル・佐々井秀嶺の思想と実践」(京都産業大学日本文化研究所紀要 17, 2012 年)、Remarks on the Origin of All-inclusive Pervasion (Journal of Indian Philosophy 39, 2011 年)、「インド仏教復興運動の軌跡とその現況」(京都産業大学世界問題研究所紀要 25, 2010 年) など。

鈴木 晋介（すずき しんすけ）第 3 章
茨城キリスト教大学文学部助教。
専門は文化人類学、南アジア地域研究、日本の地域食文化研究。
著書に、『つながりのジャーティヤ——スリランカの民族とカースト』（法藏館
2013 年）、『スリランカを知るための 58 章』（共編著、明石書店 2013 年）、『フィ
ールドは問う——越境するアジア』（共著、関西学院大学出版会 2013 年）がある。
主な論文に、「内発的発展論とスリランカのサルボダヤ運動」（『開発経済学——貧
困削減から持続的発展へ』、慶應義塾大学出版会 2005 年）など。

社会苦に挑む南アジアの仏教
B. R. アンベードカルと佐々井秀嶺による不可触民解放闘争
ささいしゆうれい

2016 年 8 月 10 日 初版第一刷発行

著　者	関根康正　根本 達　志賀浄邦　鈴木晋介
発行者	田中きく代
発行所	関西学院大学出版会
所在地	〒 662-0891
	兵庫県西宮市上ケ原一番町 1-155
電　話	0798-53-7002
印　刷	株式会社 遊文舎

©2016 Yasumasa Sekine, Tatsushi Nemoto, Kiyokuni Shiga,
Shinsuke Suzuki
Printed in Japan by Kwansei Gakuin University Press
ISBN 978-4-86283-222-1
乱丁・落丁本はお取り替えいたします。
本書の全部または一部を無断で複写・複製することを禁じます。